그래도 점심은 먹어야겠지

그래도 점심은 먹어야겠지

내일의 출근을 위한 추천 메뉴

먹고사는 게 만만해지는 날이 올까?

유사유 지음

마인드빌딩

> 작가의 말

점심은 드셨어요?

 감히 때려치우지 못하는 이유야 많고 많지만 스스로는 알고 있다. 그것들은 모두 핑계다. 나는 이 자리에 얌전히 주저앉고 싶다. 더 이상 잘나지 않은 나를 잘나게 소개할 패기도, 그간 살아온 삶을 평가받을 용기도 없다. 그러니 국민연금 수령 시기까지 낡은 사원증을 움켜쥐고 눌러앉고 말리라.
 하지만 그런 탁한 결심으로 출근하면 근무시간 내내 속이 곪는다. 이렇게 살려고 태어났나 싶고, 남들도 이러고 사나 싶고, 늪에 빠진 듯 끝없이 가라앉는다. 이렇게 영원히 벗어나지 못하겠지.
 그런데 뜬금없이 그 모든 잡념이 맑게 개는 날이 온다. 상황은 변한 게 없는데 뭐가 괜찮아진 건지 어리둥절하지만 웃어넘긴다. 어떻게든 넘었으면 됐어.

 나는 그 무한 굴레를 거치며 살아남았다. 어느 달은 죽상을 하고, 다음 달엔 '그래도 이만한 회사가 없어'를 외쳤다. 그렇게 어찌어찌 근속하기를 15년. 수많은 이들이 곁을 떠났지만 끝끝내 남아버렸고, 그날도 누군가의 면직 소식

그래도 점심은 먹어야겠지

을 듣다 궁금해졌다. 나는 어쩌다 생존한 걸까. 그들의 퇴사 이유는 모두가 마땅했고, 나 또한 그런 위기가 없었던 게 아닌데 왜 사직하지 않았을까.

입사 초기에는 다 내가 잘난 덕인 줄 알았다. 첫 부서의 행운을 몰랐기에 내 타고난 책임감에 공을 돌리며 으쓱거렸지. 그러다 한동안은 내가 못나서라고 판단했다. 오갈 데가 없으니 덩그러니 있는 거라고 헐뜯기 바빴다. 그런데 어느 날부터인가 같은 질문에 아는 얼굴들이 떠올랐다. 마치 물귀신처럼 서로를 악착같이 붙잡은 동료들.

이 책은 나를 발목 잡은 점심에 대한 이야기다. 저녁과 달리 법적으로 정해진 시간이라 안 챙기면 손해 같고, 끼니고 뭐고 싹 다 귀찮아도 다 먹고살자고 하는 일이니 먹긴 먹어야겠고, 결국 약속 때문에 억지로 나갔다가 야무지게 먹고 돌아온 밥. 그리고 꽉 막힌 심중을 뚫어준 밥친구들. 단순히 의식주를 넘어 숨통을 트여준 밥상에, 나는 오늘도, 내일도 기어이 출근을 해낼 것이다.

그래서 오늘 점심은 누구랑 뭐 먹지?

차 례

작가의 말 ········ 004

1장. 요즘 여기 꽂혀서요

순대국밥 신세가 어때서 ········ 011
추어탕 좀 못 먹을 수도 있지 ········ 018
너는 지금 파스타가 넘어가니? ········ 025
부대찌개처럼 복작거릴 너에게 ········ 032
갓생보다 인생 ········ 039
밥 한 끼가 버거운 시대 ········ 046
오늘만큼은 함박 웃기를 ········ 053

2장. 덕분에 잘 먹었어요

반반 섞어 주세요 ········ 063
씨씨씨를 뿌리고 엿엿엿을 먹었죠 ········ 071
칼국수 메이트를 찾아서 ········ 078
영양제라도 먹어야 버티지 ········ 084
먹고살기 참 쉬우시겠어요 ········ 091
내가 설마 널 굶길까 ········ 098

3장. 오늘은 누구랑 드셨어요?

나랑 돈가스 먹어주면 안 잡아먹지 ········ 109
주꾸미같이 오글거려 ········ 116
철밥통도 버텨야 철밥통이지 ········ 123
영원한 밥친구는 없어 ········ 130
김밥이라도 사다 줄까? ········ 137
터진 만두 수선법 ········ 144
진짜 질리지도 않냐 ······ 151

4장. 왜 자꾸 밥을 먹자고 하는 거야

짬뽕 먹고 풀어 ········ 161
한솥밥의 위력 ········ 169
뒷담화만 한 안주가 없다잖아 ········ 176
됐고, 거기 뷔페 맛있대? ········ 183
한우라서 참는다 ········ 190
그렇게 묵은지가 되겠지 ········ 197

5장. 굶어봐야 회사는 안 알아줘

닭다리와 가슴살 ········ 207
달려라! 반계탕 오픈런! ········ 214
빡침버거 세트 주세요 ········ 221
가기 전에 밥 한번 먹어요 ········ 228
어른의 육개장은 쓰다 ········ 235
첨벙첨벙 출근길엔 후룩후룩 컵라면 ········ 242
먹고사는 게 만만해지는 날이 올까 ········ 249

1장

요즘 여기 꽂혀서요

순대국밥 신세가 어때서

군중 속의 고독이 더 외롭구나. 식당에 들어와 줄곧 물만 홀짝이고 있다. 혼자 왔냐고? 셋이 왔지. 근데 내 앞에 있는 두 분이 지금 공사가 다망하시거든. '특!' 한 글자를 뱉어낸 이들은 심각한 표정으로 연신 폰만 바라보고 있다. 어느새 당연해진 풍경이기도 하고, 지금 옆 팀 팀장님 얼굴이 죽상이거든. 안 그래도 괴로운 양반 건드려서 좋을 거 없지.

이유는 물어볼 필요도 없다. 보나 마나 그의 주식 그래프가 저기 저 까마득한 곳으로 곤두박질치고 있을 거야. 이 둘은 항상 그랬다. 주식이 좋으면 어깨춤을 덩실거리고, 나쁠 때는 불운을 타고난 존재인 양 스스로 비관하고 사회를 탓했지. 아직 안 팔았으면 번 것도 잃은 것도 아닐 텐데 왜 셀프로 스트레스를 주는지. 살결, 팔걸, 껄껄, 엉엉. 돌림노

래가 지겹지도 않냐는 푸념은 귓가에 앵앵대는 모기 소리 쯤으로 여기는 듯하다.

"아이고 팀장님. 국장은 답이 없다니까. 저처럼 미장을 하셨어야지."

"그것도 시작했어. 인마."

미장? 아, 미국주식! 내 질문에 눈길조차 주지 않던 대리님이 반짝 고개를 든다.

"사셨다고요? 뭐 사셨는데요?"

"테슬라."

"에이 뭐야."

실망에 시든 고개가 다시 폰을 향해 떨어진다.

"노잼이시네. 요즘 그거랑 애플 없는 사람이 어딨어요."

난 없는데. 국민주라고? 그럼 난 국민이 아닌 걸로.

펀드 투자로 호되게 당한 아빠 덕에 안전제일 다람쥐로 키워진 나는 겨울나기용 도토리를 모으듯 적금만 쌓아가며 살았다. 잊고 살다가 한 번씩 열어보면 얼마나 뿌듯한데. 그랬던 내가 순식간에 거지 신세가 될 줄이야. 코로나의 습격으로 수많은 삶의 터전이 추풍낙엽처럼 바스라지고, 정부가 주는 보조금으로 겨우 숨구멍만 유지하던 그때, 누군가는 일생일대의 부를 쌓았다. 일확천금에 관한 카더라가 으레 그렇듯 처음엔 흥미로웠지. 그런데 슬슬 거슬리는 신조어가 어슬렁거리기 시작했다.

벼락거지? 왜 돌연 부자가 된 사람을 벼락부자라 하지 않고 가만있던 나에게 별안간 거지 명패를 달아주는 걸까. 우직한 월급쟁이의 삶을 칭송하던 세상이 그런 멍청한 시절은 지났다며 내가 루저란다. 누가 뭐래도 이 사회는 일개미들의 톱니바퀴로 돌아가고 있는데 너무해.

차오르는 일더미에 가로막혀 세상 돌아가는 걸 못 본 게 죄라지만 그 형벌이 너무 가혹했다. 눈을 뜨면 최고가를 갱신하는 집값. 이에 쓸데없이 세금만 더 내게 생겼다는 아빠의 볼멘소리가, 나직하게 끓어오른 배신감 위로 기름처럼 부어진다.

'그래도 아빠는 집 있잖아.'

가까스로 자격지심을 씹어 삼킨다. 성실한 가장에게 내려진 시대의 포상이자 내게는 신기루 같은 헛된 소망. 계속되는 부동산 소식에 속이 뒤틀려 조용히 방으로 숨어들었다.

각자의 앞으로 건더기가 실한 순대국밥이 놓이자, 그제야 두 양반이 폰을 내려놓는다. 아직도 펄펄 끓고 있는 뚝배기에서 푹 삶아진 순대 조각을 애지중지 건져내 밥그릇 뚜껑에 옮겨 담는다. 그리고 그 공백에는 밥 한 공기에 부추까지 듬뿍 얹어 말아내지. 우선 애피타이저로 보기만 해도 시원한 깍두기를 와작. 달큼한 양념이 퍼져 나가자 침샘이 욱신거리며 칭송한다. 역시 국밥은 김치가 맛있어야 찐이라고. 저기 놓인 생양파에 쌈장까지 찍어주면 화룡점정이겠지만 양치로도 안 지워질 독한 매력에 패스. 건더기와 함께 푸짐하게 들어 올린 밥 한술에 다급해진 입술이 마중을 나간다. 후우우우후우. 아무리 배고파도 이대로 직진했다가는 바로 미각을 잃게 될 것이야. 호로록. 아직 후끈한 열기 탓에 목 끝에서 찌릿한 경고를 날려오지만 굴하지 않는다. 크흐. 미안. 그래도 역시 국밥은 뜨거워야 맛있어.

"근데 팀장님, 전에 회식에서 그거 그만한다고 하지 않으셨어요?"

"내가?"

어리둥절한 듯 고개만 갸웃대던 팀장님. 무언가 생각난 듯 숟가락을 휘두르시더니.

"아아! 그거는 코인!"

엥? 팀장님, 코인도 하셨어요? 민망해진 그의 고개가 뚝배기로 도망친다. 하도 난리길래 잠깐 발만 담갔는데, 너네는 쳐다보지도 말란다. 주식은 마감이라도 있지, 코인은 365일 24시간 연중무휴라 잠도 못 자고 사는 게 사는 게 아니라고.

"까딱하면 청춘까지 녹아버리는 거야."

보다 못한 와이프가 금은보화고 뭐고 아빠 노릇이나 제대로 하라고 사자후를 퍼붓는 바람에 어쩔 수 없이 코인은 접으셨단다. 그럴 만도 하지. 내 무음의 질책을 읽은 팀장님이 밥이나 먹으란다. 홍! 그래요. 먹지요.

아까 덜어낸 순대를 집어 따끈한 국물에 슬쩍 데쳐낸

그래도 점심은 먹어야겠지

다. 후아. 간간이 씹히는 채소, 고소하고 부드러운 선지, 쫄깃한 피. 씹으면 씹을수록 뒤섞이는 맛에 온몸이 녹아내리네. 두툼한 비계가 붙어있는 머릿고기 한 점도 냠냠. 순대국밥에는 다양한 종파가 있다. '다주세요파'와 내장이나 부속물을 즐기지 않는 '살코기만파', 마지막으로 그마저도 싫은 '순대만파'까지. 순대 종류도 엄청 많지. 이렇게 채소와 선지가 얼기설기 들어있는 전통순대도 있지만 단정하게 썰린 찹쌀순대도 있다. 난 전통순대파. 쫄깃한 찹쌀순대는 분식집에서 만나야 더 반갑더라고.

후룩후룩. 국밥을 넘기는 동안에도 두 사람은 알 수 없는 대화를 쑥덕거린다. 역대급 투자라느니, 미국 정치인의 아들의 대학동문이 어쩌고, 차기 대선후보의 사돈의 팔촌이 저쩌고. 그 도시 괴담들을 듣고 있노라면 저걸 진짜 믿는 건가 싶어 코웃음이 나다가도 귓가가 팔랑거린다.

'설마? 또 나만 거지 소리 듣는 거 아냐?'

조바심에 달싹이는 손가락. 그렇게 삭제했던 증권 어플을 재설치하고 마주하게 되는 것은 내 인생의 동반자 삼성전자 주식 현황이다. 정신 차리라는 듯 서슬 퍼런 마이너스 계좌가 날 냉랭하게 바라보니 이성이 돌아올 수밖에. 깨갱.

"주식이 그렇게 재밌어요? 밥도 안 넘어갈 정도로?"

도무지 이해할 수 없다는 내 질문에 대리님은 로또 같은 거라고 했다. 어제도 간신히 넘겼는데 오늘은 더하고,

겨우 침대에 누워 잠을 청하려니 이 짓을 앞으로 수십 년 반복할 생각에 괴로운 밤, 뭐라도 하고 있다는 사실이 작은 위안이 되어준다나. 혹시나 내일은 조금 달라질지도 모른다고 미래를 희망할 수 있는 유일한 등불이랄까.

로또라. 평생 당첨이라는 소리를 들어본 적 없는 운빨 탓에 내 손으로 사본 적은 없지만 무슨 뜻인지 알 것도 같았다. 우리 조상님은 양심도 없지. 엄마가 차려준 제사상이 얼만데.

"맨날 그런 건 아니고. 새벽에 잠 안 올 때 있잖아요."

알죠. 오늘은 기필코 집에 가자마자 씻고 자려고 했는데, 이대로 잘 수는 없다며 폰을 켜지. 그런데 나를 위해 두드린 인터넷 세상이 내 잠을 훔쳐 달아난다. 회사 때려치고 10억을 벌었다느니, 언제까지 그러고 살 거냐느니. 왜 셀프로 혼이 나는 기분이지? 어쨌든 새벽을 만나 기운을 차린 상념이 스멀스멀 기어 나와서 묻는다. 계속 이리 사는 게 맞나. 그 괴물에 꼬빡 삼켜지면 그날 잠은 다 잔 거야.

"야, 그거 다 새벽에 허해서 그런 거 아냐. 그럴 때일수록 잘 먹어야 해. 그만들 하고 먹어."

못 살아. 소주도 없이 진중하게 쌓아가던 현생 고민이, 택도 없는 충고에 김이 팍 새버렸다. 와르르 무너지는 허탈함 대신 차오르는 위장. 어느새 비워진 뚝배기를 바로 놓고 의자에 기대앉으니 따뜻한 뱃속이 든든한 게 부러울 게 없다. 이래서 서민의 음식인가 봐. 정성을 다해 고아낸 국밥 한 그릇에 헛헛한 영혼까지 데워지잖아. 갑갑해서 말문조차 막히는 날에도 여기에 말면 뭐든 후룩후룩 넘어가니까. 오죽하면 누가 그러더라. 조커도 한국에 살았으면 국밥 먹고 잘 살았을 거라고.

"잘 먹었다. 사는 거 뭐 있냐. 밥 한 끼 잘 챙겨 먹고 그러면 오늘 하루 잘 산 거지. 가자."

식후라 그런가. 밥크라테스의 명언이 울림을 준다. 저기 보이는 프리미엄 신축 아파트는 아니지만 어쨌든 누워 잘 곳이 있고, 이렇게 국밥 한 그릇 사 먹을 돈도 있으니 괜찮은 삶 같기도 하고. 아우, 몰라. 배부르니 만사가 태평해지네. 조커도 퇴마하는 신통력에 버틸 재간이 있나. 어디 가서 잠이나 한숨 퍼지게 자면 좋겠다. 지금 자면 보나 마나 꿀잠각인데.

추어탕 좀
못 먹을 수도 있지

    수요일은 눈물이 앞을 가려 水요일인가. 앞으로 보나, 뒤로 보나 똑같은 고생길. 만성피로에 절여진 뇌는 아직 수면 상태인가 보다. 그러니 깜빡이는 커서가 나아가지를 못하는 거겠지.
    일단 뭐라도 치자. 치다 보면 뭐라도 채워지더라. 고장 난 타자기처럼 몇 글자를 끄적거리고, 하릴없이 멈춰 섰다가, 도로 지우기를 되풀이한다. 이러니 11시가 넘도록 백지일 수밖에. 녹슨 기계에 기름칠을 하듯 커피를 들이부어도 이 정도 카페인에는 꿈쩍하지 않는 일머리.
    "인상 좀 펴라. 니들이 골치 아플 게 뭐가 있다고. 그러다 예쁜 얼굴에 주름만 가지."
    짜증스럽게 낯익은 개소리. 고개를 들어보니 모니터 건너에 선 실장놈이 내 얼굴을 빤히 바라보고 있다. 느끼한 윙크까지. 우웩. 요즘 시대에 저딴 말을 농담이랍시고 지껄이다니, 미친개가 따로 없지. 저 비죽거리는 입도 제 딴에는 미소라 여길 것이다. 예고 없이 튀어나온 보스 몹에 놀라 욕지거리를 퍼붓는 대신, 월급에 맞게 쥐꼬리만큼 끌어올린 입꼬리. 성의를 보였으니 모니터에 시선을 고정한다.

얼쩌엉얼쩌엉. 임원 앞에서 예스밖에 못하는 본인 때문에 온 부서가 삽질 중이구먼. 여유만만한 걸음걸이에 니킥이라도 날려주고 싶네. 저러지 말라고 회사에서 으리으리한 실장실도 만들어줬는데 왜 자꾸 기어 나오는 거야. 바퀴벌레야, 뭐야?

"너네 오늘 나랑 점심이지? 추어탕 어때?"

뭐라고? 이성을 잃은 나와 함께 일제히 고개가 돌아가는 부서원들. 이글거리는 일동의 눈빛에 주춤할 만도 한데 그는 하찮은 미물 따위 개의치 않는다.

'불고기 타령하길래 예약까지 다 해뒀는데 이제 와서 왜 저래. 미친 거 아니야? 그걸 지금 어떻게 취소해? 노쇼로 뉴스 나오게?'

살기로 가득한 단체 채팅방. 우리끼리 그러면 무얼 하나. 어깨나 으쓱대던 실장은 오늘치 밉상질을 밀어붙일 모양인데.

"다음에 먹으러 간다고 하면 되잖아. 그거 하나 말 못 해? 내가 해줘?" 이씨이이이이. 당당한 진상질에 마우스를 쥔 손에 힘이 바짝 들어간다. 어차피 내 일은 아니다. 의견을 모으고 정하고 예약하고 알리는 그 번거로움은 모조리 저기 사색이 된 신입의 몫이니까. 그때 슬금슬금 올라오는 희생양의 손.

"저어… 죄송한데… 제가 추어탕을 못 먹어서요."

순간 능글맞은 실장의 얼굴에서 기름기가 싹 가시더니 수다스럽게 튀어나온 주둥이가 근엄하게 내려앉는다. 그 주위로 피어오르는 어둠의 오라. '네가? 감히?' 그 기세에 눌린 부서에는 정적만 흐르고 다급히 교환하는 눈빛. 이 위기를 타파할 용사님이 필요해.

"허허. 저희 집 애들도 추어탕 잘 안 먹더라고요. 그때 말씀하셔서 예약한 불고기도 맛집이라지 않았나?"

고인물 부장님이 넉살 스킬로 혼신의 실드를 펼치고, 황급히 파티원으로 합류한 우리도 싸바싸바 스킬에 나선다.

"거기 점심에 예약 안 하면 못 먹어요."

"어머, 정말? 실장님 덕분에 겨우 가보겠네."

까르르르. 그러나 이미 포스에 짓눌린 뉴비의 어깨는 곱아버리다 반으로 접힐 지경.

"하긴 MZ님들은 이런 거 안 드시죠? 저야 뭐 MZ님 입맛에 맞춰 드려야죠. 그쵸?"

저 쫌팽이 새끼 저거 또 삐졌네. 저러면 일주일은 가는데 고생 좀 하겠어. 그래도 그렇지. 이게 MZ 소리까지 들을 일인가. 추어탕 가능자가 입사 조건도 아니고. 슬쩍 돌아보니 그의 냉소에 혼을 빼앗긴 삐약이가 창백하게 얼어있다.

그래도 점심은 먹어야겠지

슬그머니 괜찮다는 사인을 건네보지만, 사념이 깃든 눈에 들어올 리가 없지. 잠시 후 얼음땡에서 풀려난 그가 보송한 얼굴을 떨군다.

이제는 어엿한 화석인 나에게도 저렇게 설움 가득한 신규 시절이 있었다. MZ인 듯 아닌 듯 밀레니얼 세대라고 내게 붙었던 꼬리표는 '요즘 것들.' 호칭은 달라도 그 취급은 비슷했어.

"내가 꼰대라고? 너네가 개념이 없는 거지! 그걸 꼭 말로 해줘야 알아? 나 때는 말이야!"

그랬던 그들에게 돌아온 건 회사의 배신이었다. 시대가 바뀌었으니 신세대를 고치려 하지 말고 기성세대가 맞춰드리라는 거였다. 임원이 주축이 된 조직문화 개선에 선배들은 우리를 눈엣가시처럼 여겼다. 솔직히 지금은 이해도 돼. 내가 당하고 살 때는 관행이라고 나 몰라라 했으면서, 이제 나도 대접 좀 받아볼까 했더니 적폐라고? 그런데 세상 좋아졌다는 신입살이를 받아 든 나는 물음표가 가득했다. 이걸? 내가? 왜? 출근하면 하나둘 늘어나던 잡일들. 막내 직원의 업무분장에 적힌 서무라는 두 글자 뒤에는 온갖 퀘스트가 숨어있었다. 눈치 없는 게임 NPC처럼 날마다 새로운 임무를 전달하는 선배들 앞에서 나는 포커페이스 기술을 연마해야 했다.

그래, 졌다. 더럽고 치사해서 한다. 근데 왜 기껏 해도 난리냐고. 씹고 뜯을 먹잇감만 찾아 헤매는 하이에나들은 말도 안 되는 꼬투리로 사기를 꺾었고, 사상검증 수수께끼를 즐기던 스핑크스도 있었다. 어디 신입이 이랬다더라, 인터넷 보니까 저랬다더라. 너는 어때? 너도 그러니? 그러면서 진성 또라이 신입 앞에서는 찍소리도 못하는 게 나이는 어디로 처드셨는지. 거기서 당한 불똥을 왜 애먼 곳에 튀기냐고! 이럴 바에 배째라며 쌩까고 싶었지만, 제 손으로 팔자를 꼴 자신이 없어 몸을 사렸다. 참는 것과 맞서는 것, 뭐가 더 지팔지꼰이었을까.

"혼자 할만해요? 나 지금 안 바쁜데 같이 할래요?"

평소처럼 허드렛일에 호출된 어느 날. 어차피 누군가는 해야 할 일이니 아직 부족한 내가 해야 한다는 긍정이와, 이딴 거나 하려고 입사했냐는 부정이가 치열하게 맞붙고 있었거든. 그런데 어디선가 뜬금없이 광명의 목소리가 들려왔다. 인기척에 놀라 돌아보니 그의 뒤로 비치는 후광. 천사다. 모든 것이 음양의 조화라더니 빌런이 있으면 엔젤도 있는 법인가.

"그때는 다 그래. 금방 지나가."

콩쥐의 두꺼비처럼 나타난 구세주 선배는 쌓여있던 미션을 척척 해치웠고, 햇살 같은 위로를 오순도순 전해주었다. 갉아 먹혔던 열정까지 충전되는 축복. 신기하지. 그 말들은 내게 덕지덕지 들러붙은 막말을 물리쳐 주었다. 아무도 알아주지 않는 암흑기인 줄 알았는데. 그래도 누군가는 고마워했고, 토닥여 주었으며, 간식을 쥐어주거나 밥을 사주기도 했다. 그들은 알까. 그 찰나 덕분에 매일 아침 사무실이라는 던전으로 되돌아갈 수 있었다는 것을. 그리고 여태껏 그 덕담들이 나를 지탱해주고 있다는 것을.

월급 받고 하는 일은 눈치 보는 것뿐이라며 눈동냥, 귀동냥으로 배우는 내 처지가 한스럽다고만 여겼는데, 그 또한 눈치코치로 알려주는 이들이 있었기에 가능한 호사였다는 걸 과장쯤 되어서야 깨달았다. 그러는 나라고 해서 라떼랑은 달라진 신입들이 모두 기껍지는 않아. 특히 저 냉장고. 문을 열 때마다 퀴퀴한 냄새가 퍼지는 게, 저 안에는 이미 생태계가 조성된 것 같단 말이지. 없어진 커피머신은 어떻고. 그렇지만 나 또한 그 일들을 기꺼이 하지는 않았잖아. 예전에 날 지켜주었던 엔젤들의 은총을 되새기며 '그러려니'를 기도문처럼 읊조릴 뿐이다.

식당에 도착하자마자 두리번거리는 막내. 어딜 앉아야 하나 고민하는 미어캣에게 신호를 보낸다.

"저기 앉아요."

실장과 멀리 떨어진 테이블로 유배를 보냈는데, 그래도 되냐는 듯 놀란 눈으로 되묻는 주임님. 얼른 가. 그런다고 놈의 레이더에 안 걸릴지는 미지수지만 용은 써봐야지.

평소 같으면 신입이 팔자 좋게 어딜 가냐며 유난을 떨

진상이 내 기세에 밀려 조용하다. 마뜩잖아 보이지만 나보다 후배인 네가 뭘 어쩔 건데. 또라이 보존의 법칙에 따라 어느 그룹에나 존재하는 완장질. 아무리 시간이 지나고 변하지 않는 분탕질에 트라우마라도 되살아나는지, 영 거슬리는 미꾸라지라니까.

"와아! 주인공 오십니다!"

사회생활 만렙들이 박수까지 쳐가며 맞이하자, 겨우 그거에 넘어간 실장의 입술이 씰룩거린다. 단순하긴. 때맞춰 앞치마를 실어 나르는 막내.

"맛있게 드세요."

다 잊은 척, 생글생글한 미소로 인사까지 건넨다. 눈도 마주치기 싫을 텐데 기특하기도 하지. 싹싹함을 타고나는 사람이 얼마나 되겠어. 어떻게든 적응하려고 애쓰는 거지. 장하다, 우리 막내. 옹졸한 어르신은 대꾸 대신 헛기침이나 내뱉었지만. 에효. 그래도 꽁했던 게 풀렸는지 회식은 탈 없이 끝났다. 돌아가는 길, 카운터의 박하 사탕을 집어 막내에게 건넸다.

"덕분에 잘 먹었어."

사탕을 문 말간 뺨 위로 민트향 미소가 흐드러진다. 그 청량함에 나까지 프레시해질 만큼. 과연 나도 저리 웃던 때가 있었던가. 회사에 닳고 닳은 나는 진작에 잃어버린 얼굴이었다.

그래도 점심은 먹어야겠지

너는 지금
파스타가 넘어가니?

"그건 그렇고 승진 준비는 잘 돼가?"

오랜만에 비싼 파스타 먹어서 기분 좋았는데. 선배의 채찍질에 입으로 다가오던 포크가 움찔 멈춘다. 매몰차게 한숨을 내쉬는 야심가 팀장님. 내가 어쩌다 이런 상극과 인연이 닿은 건지.

"너 그렇게 태평할 때가 아니야. 윗분들도 따로 만나고 어필을 해야지. 회사에 과장이 얼마나 많은데 누가 널 알아서 밀어주냐. 회사 생활이 묵묵히 일만 하는 게 다가 아니야. 적당히 티를 내야지. 일만 하고 인정은 못 받으면 그게 무슨 머저리 짓이야. 어? 내 말 듣고 있어? 최소한 남들 할 때 같이 해야지. 먼저 하면 더 좋고. 어? 안 그래? 아오! 답답하다. 답답해."

밥 먹을 때는 멍멍이도 안 건드린다는데. 무시하고 먹

기에는 맞은 뼈가 아려서 포크를 내려놓는다. 평소에는 참 좋은 선배거든. 그런데 저렇게 가끔씩 튀어나오는 남다른 애사심이 날 피 말리게 해. 실무자의 꼭대기인 과장까지는 어찌저찌 올라왔지만, 나보고 그 전쟁에 다시 참전하라고?

성과용 업무를 맡기 위한 신경전부터, 상사한테 인정받고 후배도 챙기는 건 기본이지. 승진바라기에 비해 턱없이 적은 대상자. 모든 과장이 모두 시험대에 올라갈 수는 없으니 뒤에서는 치열한 첩보작전이 펼쳐진다. 부서끼리도 자존심이 걸린 싸움이야. 뒷말이 몇 달을 가고, 평가점수를 잘 주고받기 위한 온갖 전략이 떠돌아다닌다. 듣기만 해도 벌써 물리는 나와 달리, 그걸 몸소 겪어본 팀장님은 지겹지도 않으신가. 우리 회사야 승진 적체도 워낙 심해서, 까딱 잘못했다가는 소득 없이 망신살만 뻗칠 게 뻔한데.

일장연설을 이어가던 그가 드디어 접시에 집중한다. 이 기회를 놓칠 수 없지. 이것도 드셔보세요. 선배가 시킨 게살 로제 파스타에 비하면 밋밋하기 그지없는 내 봉골레를 권한다.

"난 그걸 무슨 맛으로 먹는지 잘 모르겠어. 소스도 없고 토핑도 그렇고."

허허. 전 이 슴슴한 맛이 좋아요. 오일에 바지락이나 모시조개, 마늘 그리고 면이 끝. 허여멀건한 모양새를 보면 선배의 구박이 이해는 간다. 가끔 여기에 약간의 치즈가루나 허브, 한국인 맞춤 페페론치노를 올려주는 집도 있지만 기본이 제일 좋아. 오늘 온 식당은 비싼 만큼 신선한 조개를 쓰는지 해감도 잘 되어있네. 기죽지 마. 누가 뭐래도 넌 아주 훌륭한 봉골레야.

"너 그러다 후배 밑에서 일하는 수가 있어."

Miss! 타격감 제로! 선배가 던진 회심의 일격이 보기 좋게 빗나간다. 자존심 강한 그에게는 죽기보다 싫은 일인가 본데, 간혹 후배지만 정말 대단하다 싶은 직원들이 있다. 사무실 의자에 뿌리라도 내렸는지 휴일에도 버섯처럼 앉아 있던 그들. 옷이 바뀌는 걸 보면 집에 가긴 가는 건가. 오피스텔이 아니라 회사에 월세를 내야 할 판이던데 성격도 좋지. 바로 옆에서 떵까떵까 농땡이를 피워대는 베짱이 몫까지 척척 해낸다니까. 공공기관에서 일 많이 한다고 돈 더 주는 것도 아닌데 뭘 위해서 저러고 살까. 상사들이야 당연히 껌뻑 죽지. 저런 후배라면 먼저 승진해도 할 말 없는데. 아, 오히려 그쪽이 선배인 나를 불편해하려나.

그런데 만약 무자격자 얌생이에게 꼼수로 추월당한다면? 심지어 그 구미호 같은 것이 내 직속 상사가 된다면? 상상만으로도 혈액순환이 빨라진다. 그 꼴을 보면 눈이 뒤집힐 것 같기도.

"효도해야지. 부모님도 얼마나 좋아하시겠냐. 친척들한테 체면도 서고. 안 그래?"

윽! 크리티컬 대미지! 제 약점을 정확히 꿰뚫고 계셨군요. 부모님 이야기에 무장해제된 방어술.

"팀장님 승진하면 좋아요? 시비 거는 거 아니고. 저한테는 백날 천날 골치 아프시다면서요."

이번에는 내 말에 팀장님 포크가 멈춘다. 왕관에는 그만한 책임이 따르는 법. 얼마 전만 해도 직원들끼리 자꾸 트러블이 생긴다며 한숨쉬던 그였다.

"직장생활에 좋아서 하는 게 어딨어. 해야 하니까 하는 거지. 너 그럼 회사는 좋아서 다녀?"

잠시 머쓱한 고요가 흐른다. 다그치듯 답한 게 신경 쓰였는지 선배가 두툼한 게살을 건넨다.

저는 자신이 없어요. 일은 혼자서 어떻게든 하겠는데요, 팀장은 내 일만 하는 자리가 아니잖아요. "제가요? 그걸요? 왜요?" 걸핏하면 3요를 남발하는 직원들을 어르고 달래느니, 내가 해치우고 말지 싶다니까요. 근데 팀장은 그러면 안 되잖아요. 직원을 키워야 하니까. 게다가 갑질은 신고센터라도 있지 을질은 알아주는 곳도 없어요. 지금이야 이상한 놈 있으면 최대한 상종 안 하고 지낼 수 있지만, 팀장이 그럴 수는 없잖아요. 저 하나만 책임지기도 벅차요. 여기가 승진 못한다고 잘리는 곳도 아니고 월급이 엄청 오르는 것도 아닌데.

속으로만 잔뜩 웅얼거린다. 어차피 말해도 서로를 이해할 수 없을 테니까. 겸손을 차리는 게 아니라 회피하는 거다. 고통스러운 탈피를 무릅쓰고 성장을 이룬 자에게는 이것이 나태로 보이겠지만. 난 유명무실한 킹크랩보다 소라게 팔자가 알짜배기 같더라고. 자그마한 분수에 만족하고 은신하면서, 내 몫의 책임감을 한 스푼이라도 덜어내고 싶다. 내 머리에 놓인 감투가 자랄수록 내 등에 딸린 책임도 자랄 텐데. 그 길이 탄탄대로라는 보장도 없고.

"내가 볼 때 넌 좋은 팀장이 될 거야."

할 말이 없으니 파스타에 얹어진 마늘을 콕콕 집어 먹는다. 잘 구워진 게 올리브유에 버무려져 향이 배가되었네. 한국인의 밥상치고 소심한 양이긴 하다만. 역시 마늘은 구워야 맛있어.

"남들도 앞에서만 고상한 척하는 거지. 내가 벼슬 싫다는 놈 못 봤다."

이어지는 귀한 말씀. 네네, 그렇겠지요. 하얀 조갯살을 발라내서 톡! 모시조개라고도 불리는 백합. 그 우아한 명성에 걸맞게 고급스러운 녀석을 씹자, 시원하고 풍부한 감칠맛이 혀를 사로잡는다. 쫄깃쫄깃. 확실히 바지락이랑은 다르네. 달짝지근해서 좋아하는 동죽보다 씹는 맛도 있고. 근데 네가 있는데 국물이 없다는 게 말이 되니? 술찜 땡긴다. 먹고 있는데 먹고 싶어.

껍데기가 하얗고 매끈해서 '백' 자가 붙은 줄 알았는데, 언젠가 식당 벽에 붙은 설명 문구를 보니 100가지 생김새를 지녀서 100합이라고 한단다. 그렇구나. 조개조차도 하늘 아래 같은 조개가 없구나. 그러니 사람의 그릇이 제각각인 건 어찌 보면 당연한 거겠지.

여기서 백인백색의 승진자를 지켜보았다. 타고난 셰프처럼 처음부터 엄청난 리더십을 뽐내는 인물도 있었지. 혹시 알아? 이런 나라도 훌륭한 직원을 만나면 제법 근사한 시너지가 날지? 본래 맹탕인 파스타 면이 재료들과 버무려져 진면목을 인정받듯이 말이야.

하지만 정반대인 경우도 많았다. 같은 사람이 직급만 바뀌었을 뿐인데 아예 다른 존재가 돼버리기도 했어. 과장일 때는 인기쟁이였던 그가 팀장을 달고 기피 대상으로 떡락할 줄이야. 충격이었다. 왜 직원들 말만 듣냐고 억울함을 호소하던 그들은 오래지 않아 휴직을 하거나, 직장 내 괴롭힘으로 신고를 당한 사례도 있었다. 다양한 모양의 파스타에는 각자 어울리는 레시피가 있다던데. 잘못 만난 조합이 문제였을까. 아니면 애초에 팀장이라는 간판에 맞지 않는 사람이었던 걸까. 본인은 자신이 그런 상사가 될 거라고 예상이나 했을까.

과장도 '장'이라지만 그래 봐야 일개 실무자 아니겠는가. 후배 몇 번 다독이는 거랑 수장이 같냐고. 악의 없는 폐급 아래에서 고생했던 시절이 떠올랐다. 저 자리는 나도 처음인데 나라고 그 꼴 안 난다는 보장이 있나. 여러 사람 잡느니 지금 내 주제에 철퍼덕 주저앉고 싶다. 익숙해져서 그런지 그런대로 아늑해졌거든.

"남들 다 하는데 네가 왜 못해!"

마지막 공격에도 흔들리지 않았다. 그의 조언이 달든 쓰든 나를 챙겨주는 것임을 알고 있다. 거기에 고깝게 구는 건 나의 심보 문제지, 사실 틀린 소리는 하나도 없잖아.

아직은 잘 모르겠어요. 답이 아닌 질문들만 잔뜩 남아 버린 점심시간. 어른이 되어도 성장통은 여전하구나. 안 크고 싶다고 안 클 수는 없는 건가. 어디까지 자랄지는 자의만으로 되는 일이 아니지만, 이러다 승진이라는 사탕발림에 현혹되어 꼭두각시가 되긴 싫은데. 승진하는 여우 따로 있고, 쓸개 빠지게 일하는 곰탱이 따로 있고. 사람 하나 바보 만드는 거 전문인 놈들 천지잖아. 애써서 진화하지 않아도 사랑받는 피카츄처럼 살 수는 없는 거냐고.

부대찌개처럼
복작거릴 너에게

회사에서 최고로 귀한 자원을 꼽는다면 단연코 시간이지 않을까. 그래서 말렸건만, 내 만류에도 불구하고 기꺼이 품앗이에 나서준 팀원들. 세팅하느라 좀 시끄럽긴 했다만 맹세코 고의는 아니었는데.

갓 짜낸 참기름처럼 고소한 수다가 마중물이 되자, 가식 한 방울 섞이지 않은 웃음이 정겹게 울린다. 억지로 쥐어 짜낸 것과 급이 다른 순도. 몇백 통의 등기를 보내려니 서류 더미가 만리장성을 이루지만 전혀 고되지 않다.

"여기서 계속 이러고 있으면 좋겠다."

"저도요."

파티션에 가로막혔던 근황도 공유하고, 미뤄왔던 인사도 나누고. 하지만 소환된 본분을 잊지 않았다는 듯 리드미컬한 손만은 바삐 움직인다. 순서대로 한 장씩 포개어 넘기면 스테이플러가 찍히고 봉투에 입장하는 릴레이 작업. 지루하지 않냐고? 이런 단순 작업도 가끔 하면 되게 재밌어. 멍하니 앉아 되풀이되는 패턴에 잠기면, 머릿속이 호수처럼 고요해진다. 금상첨화로 잔잔한 수다까지 더해진다면 더 바랄 게 없지. 차곡차곡 사라지는 일감이 야속하다. 다들 왜 이리 손이 빠른 거야. 눈치 없이.

똑똑. 그 순간 쭈뼛대는 그림자가 아른거린다. 누군가 싶었는데, 며칠 전에 들어온 인턴님이 기웃거리는 거야. 일손이 충분하기도 하고, 온 지 얼마 안 된 사람한테 허드렛일 시키기가 그래서 안 불렀는데. 잠시 머뭇거리는 사이 그의 몸이 아르마딜로처럼 움츠러든다. 쥐구멍이라도 찾는 건지 꼼지락거리는 손가락들.

"저어… 지금 할 일이 없어서…."

아이코. 닳고 닳은 사회생활에 고작 이 정도 눈치라니. 당황한 동료들도 황급히 자리를 내어준다.

"와주시면 좋죠. 어서 오세요."

다정스레 건네는 환영 인사에도 쭈뼛대는 인턴님. 하찮은 일감을 진지하게 받아 든 그가 혼자 3배속으로 움직이기 시작했다. 마치 제 쓸모를 증명이라도 하겠다는 듯이. 그러니 그런 자신을 잊지 말아달라는 듯이.

정권에 따라 들쭉날쭉 바뀌던 인턴 기간이 1년에서 반년으로 줄어들었다. 사원증을 받자마자 모래시계처럼 사그라지는 계약 기간. 그 탓에 하루살이들의 근심은 가실 새가 없어. 뭘 제대로 알려주기에는 턱없이 부족한 시간이니 빨리 배울만한 단순 업무를 던져주고, 선심 쓰듯 근무 중에 채용 준비를 허락한다. 이래도 되나? 알량한 죄책감도 한두 번이지. 정들기도 전에 헤어지는 애매한 사이가 반복된다. 스쳐 지나가는 이들이 늘어날수록 그들의 고난마저 일상이 되어가지. 누가 왔나 싶으면 가고, 또다시 아무렇지 않게 채워지고, 1년에 두 명씩 갈아치워지는 부품 같다. 근데 그 처지가 나라고 뭐 다를까? '나-회사=0'이지만 내가 빠진 회사는 천년만년 굳건할 텐데.

"그러고 보니 멀리 앉아 계셔서 저희 팀이랑 일하시는 건 처음인 거 같네요. 아닌가?"
"네. 그렇습니다."
자세까지 바로잡아가며 돌아온 대답. 그 음성에서 반듯한 각이 느껴진다.
"아니, 인턴님. 지금 면접 보세요? 크큭."
떼끼. 소중한 일꾼님을 놀리다니. 개구진 웃음이 터져버린 꾸러기들과 달리 대화를 표류하는 낯빛에 노심초사가 서려 있다. 혹시 우수인턴 때문인가. 인턴을 무사히 마치면 주어지는 혜택은 서류전형 면제가 전부. 그나마 우수인턴으로 선정되면 약간의 가점을 받을 수 있다. 정규직 전환? 채용 비리 사건이 연달아 터지더니 그런 전형은 씨가 말라

버렸어. 범인으로 지목된 고래 자식들은 잘리지도 않고 잘만 산다던데 왜 새우들의 밥그릇만 깨져 나가는지.

"벌써 끝났네. 저 이거 우편실에 맡기고 밥 먹으러 갈 건데 선약 없으면 같이 가실래요?"

이미 잡힌 약속이 있다는 팀원들과 아쉬움을 나누는 가운데 인턴님만 우두커니 앉아 있다.

"괜찮으시면 저랑 드실래요? 혹시 부담스러우시면….'

내 말이 끝나기도 전에 힘차게 "좋습니다!"를 외치는 인턴님.

"그럼 이만 마무리하고, 오늘 커피는 제가 쏠 테니까 이따 빈손으로 돌아오세요. 감사합니다!"

품앗이에는 새참이지. 환호하던 동료들이 늘쩡늘쩡 회의실을 벗어난다. 겨우 펴졌던 거북목이 한없이 늘어지고 질척대는 발걸음들. 다음 이 시간에 또 만나요. 선배라고 안 부르기 없기.

"우리 뭐 먹을까요? 좋아하는 거 있으세요?"

아무거나 잘 먹는다고? 지나친 모범답안에 메뉴 선정 난이도가 급상승한다. 동생보다 어린 이의 입맛을 알 턱이 있나. 음, 이 나이대 남자애들이 뭘 좋아했더라. 그래서 기껏 생각해낸 게 햄이었다. 설마 햄을 싫어하지는 않겠지. 잉크 냄새 때문인지 목이 깔깔하기도 하고.

"부대찌개 괜찮죠?"

"네. 너무 좋습니다."

내 그럴 줄 알았다.

단일메뉴를 자랑하는 동네 맛집. 앉자마자 곧바로 부대찌개 2인분과 계란말이가 나온다.

"잠시만요."

손님들을 피해 요리조리 라면사리와 앞치마를 챙긴다. 마지막으로 부엌 앞에 놓인 밥솥에서 밥까지 챙기면 끝. 자리로 돌아오니 큰 실수라도 저지른 듯 망연자실한 인턴님.

"죄송할 일도 많네. 저도 손 있어요. 끓는 동안 이거부터 드세요."

겨우 한 개라고 섭섭해할 필요 없는 큼직한 계란말이다. 식어도 포슬포슬 간이 딱 좋아. 벽에 붙은 '리필 불가'를 보고 나면 그 맛이 더 좋아진다. 아쉬운 감질맛이 주는 감칠맛이랄까.

보글. 움찔하는 육수를 따라 그득히 담긴 재료들이 요란스레 복작거린다. 아이고, 난리구먼. 냄비가 터져 나갈 듯 우악스럽게 아우성치는 재료들. 그들을 진정시켜 보려고 이리저리 들쑤셔 보지만 그럴수록 점점 더 악을 쓴다. 막막한 속이 끓어오를 때가 딱 저렇지. 하지만 감히 그의 시련에 대해 아는 척하지 않는다. 잘될 거라는 허울뿐인 응원도 이미 질릴 만큼 들었겠지. 대신 국자 가득 묵직하게 퍼낸 사리들을 건넨다. 괜찮아. 먼저 드세요. 본디 입은 다 물고 지갑이나 여는 게 좋은 선배의 덕목이라잖아.

넓적이, 반달이, 동글이, 길쭉이. 부드러운 식감부터 쫄깃함까지. 햄마다 공략법도 가지각색. 부대찌개의 상징인 스팸은 따끈한 밥에 짭짤한 국물을 부어 쓱싹쓱싹 비벼준다. 햄이 들어갔지만 어딜 봐도 동양스러운 맛. 다음으로는 편애하는 길쭉이 햄을 건져 먹는다. 떡갈비 맛이 나는 게 제법 고기답단 말이지. 너무 불량한가 싶어 양심에 찔리면 버섯도 먹어준다. 고소한 두부는 겉보기엔 식은 듯 보여도 속은 마그마니 조심해야 해. 만만히 보다가 큰 입 다친다.

"여기서 지내는 건 괜찮으세요?"
"네. 다들 잘해주셔서 감사하게 지내고 있습니다."
정석 답변. 나름 친근하게 건넸다고 생각했는데 혹시 내 질문이 테스트처럼 느껴지는 걸까. 살짝 시무룩해지려는 순간 살짝 상기된 인턴님이 전임자의 이야기를 꺼낸다.
"그분은 A공사에 들어가셨다고 들었어요. 그 기운을 좀 받아야 할 텐데. 헤헤."
어? 아닌데. 걔는 다 떨어졌는데. 누가 전전전임자 얘기를 해줬나? 누구지? 우리 부서에 그렇게 다정한 사람이 있었나?
앞에 놓인 가스 불처럼 생생한 열정에 슬그머니 시선을 떨군다. 어른의 사정을 뻔히 꿰고 있는 내 눈에, 혹여 불투명한 속사정이 드러날까 봐. 요즘 우리 회사는 신사업이 없어서 채용인원이 점점 줄고 있어. 이런 말을 할 수는 없잖

아. 본인도 이미 알고 있을지도 모르고.

매년 발표되는 정부의 정책 보고서에는 이번 정부가 만들었다는 일자리가 등장한다. 그 숫자를 채우는 것이 또 우리 공공기관의 주요 과제. 그런데 어찌된 게 멀쩡한 일자리를 쪼개고 쪼개서 숫자만 늘리는 느낌이야. 그것이 의미하는 일자리는 무엇일까. 무슨 수를 써서라도 차지하기만 하면 몇 년은 끄떡없는 든든한 밥벌이가 맞는 걸까. 평생까지는 무리라도 당분간 두 다리는 뻗고 자야 할 거 아니야. 결혼하라며! 애도 낳으라며! 살만해야 하든가 말든가 하지!

계산을 하고 나오니 인턴님의 허리가 90도로 꺾인다. 커피는 무슨. 즐기세요. 나중에는 사준다는 사람도 없답니다. 사무실에 들어가자 쿵쿵대던 동료가 우리의 점심 메뉴를 단숨에 맞힌다. 부대찌개의 단점. 뭘 먹었는지 모두가 안다. 그 놀림에 허심탄회하게 웃는 인턴님. 밥 사준 보람이 있네. 매일매일 조난을 당한 기분이겠지만, 어디선가 너를 위한 구조선이 오고 있겠지. 지금처럼 진한 사회인 냄새가 풀풀 풍겨올 그날을 위해, 사무실에 놓인 탈취제를 건넨다. 칙칙. 칙칙 붙어라. 칙칙.

갓생보다 인생

    너 요새 왜 그렇게 화가 많니. 모든 걸 태워버릴 듯 지글거리는 태양이 창문 너머 우리를 쏘아본다. 에어컨의 수호 덕분에 보송한 체면은 유지했다만 냉방병 때문일까. 사무실 내 불쾌지수는 매우 나쁨 수준이다. 분노의 척도인 사내 익명 게시판만 봐도 알 수 있지. 그 정도 화력이면 에너지 발전소로 활용해도 거뜬할걸.

    노사 간의 투명한 소통과 선제적 어쩌고를 위해 만들었다지만 에이, 알만한 사람끼리 왜 이래. 인증된 직장인만 가입할 수 있는 익명 커뮤니티. 거기서 줄줄 새는 바가지들 때문에 골치가 아파진 회사에서 만든 묘수잖아. 집안 망신시키지 말고 안에서 해결하자는 거지.

    "아까 보니까 피트니스 센터 쪽에 못 보던 공지가 붙었던데. 익게에 뭐 또 떴어요?"

특식을 기다리며 수다 모터에 시동을 건다. 여름에 웬 국수냐며 이열치열이냐고 툴툴거렸는데. 그랬던 과거가 민망하게 멸치 냄새를 맡은 후각이 난리법석이다. 한겨울에 보일러 위에서 먹는 아이스크림만큼 사치스러운 맛이 없잖아. 무료 냉방에서 즐기는 잔치국수도 괜찮을지도.

"과장님, 못 보셨어요? 거기 댓글 100개 넘게 달렸는데?"
무슨 글이 핫하냐고? 어찌된 게 여타 사이트들과 다를 바가 없다. 펑프들은 지식인으로 활용하는 모양이고, 저격글부터 불편 호소글, 갈등 조장글까지 키보드 워리어들의 공식 싸움터라니까. 상주하는 아이디를 추적하면 월급루팡을 대거 잡아들일 수 있을 텐데. 자신의 글로 곤욕을 치를 관련 직원의 사정은 아랑곳하지 않는다. 내부 민원이 더 지독하니 기관 운영 파트들은 기피 부서로 전락해 버린 지 오래. 비상식적인 어깃장에 자꾸 비위를 맞춰주니까 더 기승을 부리는 거잖아. 딴지쟁이를 잡아다가 그쪽 부서로 보내버리란 말이야. 어디 네가 한번 해봐라 이거지.
"저 내일부터 쭉 출장이거든요. 그 전에 끝낼 일이 많아서 정신이 하나도 없었어요."
"여기는 좀 그렇고. 이따 앉으면 말씀드릴게요."
훌륭한 예고편이군. 한 줄 기차처럼 선로 위를 나란히 채운 쟁반이 한칸 한칸 나아간다. 맛있게 드세요. 감사합니다. 채워지는 식판만큼 교차하는 인정. 이 음식이 기쁨이

그래도 점심은 먹어야겠지

되길 바라는 마음과, 애써 만든 고생에 감사하는 마음이 서로를 알아주니 얼마나 좋은가. 듣기만 해도 맛나잖아.

색동옷 뺨치는 고명이 얹어져 있지만 그래 봐야 주조연 모두 볼품없이 흔해 빠진 잔치국수. 하지만 걱정은 없다. 드러나는 이 없어 맹한 육수에서 야무진 내공이 느껴지거든. 스테디셀러는 아무나 하나. 한밤중 맞이한 먹방 영상에서 내 위장을 각성시키는 것은, 빼어난 복장의 웨이터와 파인 레스토랑이 아니라, 빠글머리 시장 아주머니의 국수와 푸근한 입담이니까. 아무리 화려한 면발들이 잘나간다 해도 진리는 돌고 돌아 순정이지.

"아! 그래서 아까 그 공지가 왜 붙은 거냐면요."

안 보길 잘했다 싶을 정도로 구성진 내레이션이 펼쳐진다. 찰진 풍문이 고명처럼 얹어지니 듣는 맛이 확 사네. 후루루루룩. 청소기 안 부러운 흡입력으로 사정없이 빨아들이자, 인심 좋은 면에 양 볼이 뻐근해진다. 우걱우걱. 미적지근해졌지만 오히려 좋아. 한계보다 뜨거우면 대참사라고.

"헬스장 민폐족 저격글에 민폐다, 아니다로 싸우고 그거 직접 말도 못하냐고 꼽주고. 뻔한 키보드 배틀이죠. 그러다 담당자는 뭐 하냐고 쏘아대더라고요."

어우, 징그러. 자기들 실명이 그렇게 거론되면 눈을 까뒤집고 달려들겠지.

갓생 열풍 이후로 사옥에 있는 피트니스 센터가 바글거

린다. 새해에 잠깐 그러다 말 줄 알았는데 이번엔 오래가네. 직원 전용이라 무료여서 나도 가끔 들르는 곳이다. 바디프로필이라니. 이 나이에 운동은 생존의 문제다. 문득 경각심이 들 때만이라도 가서 그간의 죄를 고통으로 갚는 거야.

"요새도 점심에 갓생 챌린지 하는 사람들 많더라고요. 과장님은 뭐 안 하세요?"

꾸준한 삶을 기록하고 공유하는 사람들이 많이 보인다. 회사와 무언가를 병행한다는 건 그 자체가 도전이지. 으쌰으쌰! 서로 동기부여도 되고 응원도 받으니까 좋아 보이잖아. 나약한 정신과 유리 몸으로 꾸준하기가 어디 쉬운가. 웰메이드 브이로그처럼 미묘한 위화감이 느껴지기도 해서, 그것도 새로운 유형의 허세에 불과하다며 비꼬는 이도 있긴 해. 하지만 해보면 뭐라도 남더라고. 그렇다고 나 역시 추종자라는 뜻은 아니니 오해 마시길.

"전 요새 쉴 때는 쉬자는 주의예요. SNS를 안 해서 그런 것 같기도 하고."

"진짜요? 그럼 인스타나 그런 거 하나도 안 하세요? 그게 더 힙하신데?"

"생각하시는 그런 거 아니에요. 그냥 멘탈이 쿠크다스라서 그런 거고, 유튜브는 없으면 못 살아요."

후배의 비행기가 민망해져 긴급 착륙을 시도한다. 아날로그 시대에 태어난 탓일까. SNS를 보면 정신건강 면역력

그래도 점심은 먹어야겠지

이 후두둑 떨어진다. 한창 빠져 살 때는 눈을 뜨자마자 들어가 영겁의 시간을 보냈지. 어그로에 낚여 굳이 몰라도 되는 썰에 언짢아하고. 오물에 꼬인 똥파리떼 싸움을 직관하다 눈을 타고 옮아오는 혐오. 그러다 결말은 늘 한결같았다. '근데 나 폰 왜 켰지?' 디지털 치매가 남 일이 아니라니까.

게다가 비교는 인간의 본성이라지만 난 경쟁 중독에 유난히 취약했다. SNS를 켜면 자꾸 숫자에 집착하는 거야. 처음에는 호기심이었다. 하도 난리길래 나도 한번 따라 해봤지.

'에게, 별것 아니네? 여기에 그 돈을 태웠다고?'

그러나 거기 속은 나의 한심함을 들키기 싫어 별세계인 척 인증샷을 찍어 올렸다. 잠시 후 지잉지잉 울려대는 좋아요와 댓글에 우쭐하더라고. 이게 이렇게 뿌듯할 일인가. 뭐 자랑할 거 없나. 자꾸만 무언가를 올려야 할 것만 같은 조바심이 들었다. 네가 하는데 내가 왜 못해? 나도 너네만큼 끝내주게 잘 살아. 선택의 기준이 인생샷이 되어버렸고, 모든 활동의 끝이 과시로 마무리되었다. 인플루언서도 아니고 동네 구멍가게만도 못한 개인 계정인데도 수시로 반응을 확인하고 섭섭해했다. 거기 찍힌 모든 숫자가 꼭 내 삶에 대한 정량평가처럼 여겨졌다. 무럭무럭 자라나던 집착. 내가 없는 친구의 새 게시물에 짜증이 솟구쳤다.

인스타그램 속 세상은 미슐랭 3스타를 향한 레이스 같았다. 선망의 대상으로 오르기 위한 전력 질주. 유행을 선도하는 이들의 속도는 점점 더 빨라졌지만, 한순간이라도 놓치면 인생을 망치는 것만 같았어. 무슨 맛인지 잘 모르겠지만 일단 맛있는 척하다 보면 맛있어지겠지. 남들은 다 좋다잖아. 그러니 나한테도 좋은 거겠지. 나도 좋아해야 맞는 거겠지. 억지로 꾸며낸 성취감은 곧잘 휘발되어 버렸고, 끝없는 조급함에 허덕거렸다. 고명을 위한 삶인지 나를 위한 삶인지. 그러다 문득 의구심이 닥쳤다. 이 겨자들은 언제쯤 달아지는 걸까. 이걸 다 먹으면 저 사람처럼 될 수 있는 건가. 만약에 아니면? 그럼 대체 난 뭘 얻을 수 있는 거지?

순식간에 덮쳐온 번아웃에 고꾸라질 줄이야. 어느 날은 차라리 돌멩이가 되고 싶어졌다. 먹는 것마저 귀찮아진 와중에도 습관성 SNS를 놓을 수가 없더라고. 이 계정이 사라지면 정말로 도태될 것 같았다. 내가 없어져도 여전히 화목한 피드를 훔쳐보며 나를 비하하고, 무력해지고, 비꼬면서도 앱을 지우지 못했다. 이런 데 직빵이라던 동기부여 영상도 책도 부질없었다. 요란한 섬네일과 달리 의지는 남이 부어줄 수 있는 게 아니더라고.

대의는 없었다. 오르지 못할 나무라면 애초에 오르지 말자. 자포자기하는 심정으로 삭제한 인생 전시관. 그런데 얼마 안 가 젖은 휴지 같던 몸이 보송해졌다. 금단증세가 가시니 내가 그런 걸 했었나 싶던데? 우려와 달리 어차피 연락할 사람은 어떻게든 이어지더라고.

유행의 잣대에서 벗어나자 나침반의 기준점이 나로 돌아왔다. 타인의 인정이 아닌 나에 의한, 나를 위한 선택. 진정으로 끌리는 것들을 곁에 두니 애틋한 평화가 찾아왔다. 누군가 하찮은 멸치육수 따위에 만족하냐 놀려도, 촌스럽다 비아냥대도 상관없어졌다. 내 입맛은 내가 잘 아니까. 그 안에 담긴 맛이 얼마나 단단한지 설득할 시간에 한입 더 먹고 말지. 그제야 보였다. 난 시시콜콜한 쉼표가 있어야 하는 사람이다. 쉴 때 쉬어야 달려야 할 때 달릴 수 있는 보통 인생.

"전 이게 갓생이에요. 밥때 되면 맛있는 밥 먹고 실컷 웃고. 신도 안 부럽다 해서 갓생."

모든 주기는 반복된다. 내게도 다시 챌린지 붐이 찾아올지 모르지. 그래도 그때가 온다면 내 페이스를 유지하며, 나를 위한 결승선을 통과하길 바란다. 재도전이니 처음보단 낫겠지. 괜히 다들 경력직을 찾겠어?

밥 한 끼가
버거운 시대

"기사님, 저희가 아직 식사를 못했는데 가는 곳 근처에 맛집 어디 없을까요?"

아침 댓바람부터 버스와 지하철, KTX에 이은 택시까지 대중교통을 풀세트로 누비고 다녔다. 산 넘고 강 건너 도착한 지방 출장. 장거리 나들이의 백미는 누가 뭐래도 로컬 맛집이지. 게다가 이 지역은 산해진미를 고루 갖춘 식도락 여행의 성지잖아. 이미 목적지 인근 식당에 대한 사전 조사를 마치고 보고까지 드렸는데. 하지만 부장님의 질문이 야속하지는 않다. 저 나이대에는 저런 스몰 토크가 자연스러운 예의이기도 하고, 현지인 추천을 어떻게 참겠어.

"아따 장르는 정해주셔야 쓰겄는디. 한식, 일식, 중식, 양식. 뭐시가 좋으실까나."

꼴깍. 벌써 맛있겠다. 수도권에서 나고 자란 나에게 구성진 사투리는 감칠맛의 현신이나 다름없다. 최종 메뉴 선택을 향한 기사님의 스무고개가 펼쳐진다. 유명 스트리머의 이상형 월드컵보다 흥미진진한 진행에 한껏 벅차오르는 기대치. 당장 네이버만 뒤져봐도 3초 만에 수두룩 빽빽한 맛집 링크들을 찾아볼 수 있지만, 정보의 홍수가 주는 반작용일까. 읽으면 읽을수록 복사 붙여넣기로 찍어낸 멘트들에 반감이 든다. 휘황찬란한 블로그 후기 글에 한두 번 낚이냐고.

"그라믄 저기 ○○고 나오셨어라? 워메. 거서 거까정 가셨으면 출세하셨구마잉."

엄중해 보였던 기사님의 입꼬리가 흥에 겨워 나부낀다. 눈까지 부리부리하신 게 염라대왕 같아서 겁먹었는데 천하대장군이셨네. 마을 초입에 세워진 헤벌쭉한 장승 말이야.

"크핫핫핫!"

사내답게 박력 넘치는 웃음. 흑곰이 떠오르는 풍채에 어울리는 사운드다. 처음에는 목적지만 묻고 말씀이 없으시길래 과묵하신 줄 알았거든. 그런데 이런 반전 매력을 숨기고 계셨다니. 근방 출신인 부장님이 반가워서일 수도 있고, TV프로그램 〈생생정보통〉에 빠져든 내 진심 어린 추임새 덕분일 수도 있고.

잠시 후 밝혀진 내막은 이랬다. 요즘 손님들은 택시를 타자마자 이어폰부터 걸어 잠근다는 기사님. 이 좁아터진

차 안에서 낙이라고는, 사시사철 바뀌는 풍경과 나그네의 사연뿐인데 큰 재미 하나를 잃으셨단다. 섭섭해도 어찌하나. 손님은 손님인 것을. 거기에 딸까지 나서서 젊은 사람들은 치근덕거릴수록 싫어한다고 했다네. 가족들이 입단속에 나선 탓에 영업 중에는 묵언수행을 엄수하신다고. 괘씸한 유가 때문에 안 그래도 목구멍이 바짝 조여 오는데, 이러다 혀까지 말라 비틀어지게 생기셨단다.

허허. 사실 나도 그러는 건 비밀. 퀴퀴한 담배 냄새에 찌그러진 코. 승차 거부라도 하고 싶지만, 아서라. 공식 만만돌이인 젊은 여성에게 불특정 남성과의 실랑이란 목숨이 걸린 문제야. 안 그래도 비싼 택시요금인데, 돈 주고 탄 택시에서 왜 장단까지 맞춰줘야 하는 걸까.

승객의 성향은 고려하지 않은, 자신만의 정치 철학을 판소리처럼 늘어놓는 통에 없던 멀미가 치밀기도 했지. 대놓고 딴청을 피우거나 표독스러운 인상을 지어 보여도 꿈쩍도 않던 철면피들. 아니네. 힐끗대며 쪼개는 걸 보니까 그런 내 모습에 쾌락이라도 느끼나 봐. 하긴, 안전귀가로 끝났음에 감사해야 하나. 그래서 애초에 이어폰을 끼면서 알려주는 거야. 전 손님입니다. 소리꾼인 당신을 위해 장단을 맞추는 고수가 아니라고요.

"그래도 따님이 효녀시네요. 아빠 걱정돼서 챙겨주는 거잖아요."

모르는 이의 자식 자랑만큼 난해하고 지루한 이야깃거

리가 없지. 하지만 오늘의 기사님은 별점 5점 만점의 10점 짜리 토크쇼를 들려주셨거든. 덕분에 풀어진 여독에 감사하는 의미로 금단의 화두를 꺼내본다. 엄마가 그랬거든. 자식 칭찬만 한 피로 회복제가 없다고. 아니나 다를까 백미러에 비친 얼굴이 헤죽헤죽 달떠 오른다. 폭포수처럼 쏟아져 내리는 딸바보 타령. 그의 흥에 맞춰 지화자를 더한다. 조오타아! 내 기꺼이 들어드리리.

창문 너머로 그의 추천 식당이 보이고 정신없이 돌아가던 미터기가 멈춘다.
"이제 기사님도 식사하러 가시겠네요?"
그런데 아뿔싸. 의외의 답변에 잔뜩 상기된 함박웃음이 단숨에 가라앉았지.
"경기가 안 좋아 그런가. 장거리 손님도 뜸한 게, 영업 뛰면서 한 끼에 만 원을 태울 수는 없제. 소문 듣고 가보니까 저기 편의점 도시락이 그런대로 쓸만하더라고요. 여하튼 맛나게들 드쇼! 가실 때 콜 주시면 더 좋고."
손맛 하나는 기막히게 좋은 마누라 덕에 보통 입맛이 아니라던 기사님. 까탈스러운 그의 입에도 먹을만하다던 백반집에 들어서는 건 외지인 세 사람뿐이다. 아낀 식비는 인서울 대학생이라던 외동딸의 학비가 되어주겠지. 같은 처지인 아빠들의 얼굴에 공감의 근심이 서린다.
메뉴판을 바라보니 여기도 종이가 붙어있네. 고공행진

하는 원재룟값 탓에 몇 번을 갈아치워졌을 가격표. 생선구이에 고기까지 딸려 나온다는 기본 백반을 시킨다. 그래도 지방이라 아직 인심이 후하다. 서울에서 이만한 밥상을 받아먹으려면 15,000원은 족히 줘야 할 텐데. 요즘은 만 원짜리 점심도 찾기 힘들어. 거기에 커피까지 더하면 한 끼에 2만 원도 거뜬하다니까.

코로나 이후로 한산하던 구내식당이 북적거리고, 식사가 허락된 휴게공간에는 도시락족이 늘어났다. 뻔한 월급에 선배라는 이유로 선뜻 내밀던 카드도 추억이 됐어. 차라리 더치페이가 마음 편하다니까. 인색하다고? 선배 가오가 밥 먹여주냐? 위도 먹고 살아야지.

월급 빼고 다 오른다. 무한 경쟁 레이스를 펼치듯 우상향을 향해 쏜살같이 날아오르는 물가. 인플레이션도 빡치는데 슈링크플레이션이라니. 줄이고 줄이고 빼고 빼고. 품위유지비에 생필품까지 덜어낸다. 어딜 봐도 죄다 죽겠다는 사람들뿐인데, 이 돈들은 대체 어디로 가는 걸까.

"역시 택시 기사님이 추천해서 그런가. 맛이 좋네. 허허"
오랜만에 만난 고향의 맛을 흡입하기 바쁜 부장님. 어떠한 위기 속에서도 느긋하게 품위를 챙기셔서 양반집 자제 같던 그가, 무언가를 허겁지겁 먹어 치우는 광경이 굉장히 낯설다. 아무도 안 뺏어 먹어요, 부장님. 고정하세요. 크크. 팀장님까지 연거푸 고개를 끄덕이시니 맛집 인정. 실은 비위 약한 서울 촌뜨기인 나에게는 조금 생경한 반찬들이다. 방금도 거센 젓갈향에 입에 넣은 젓가락을 물릴 뻔했거든. 다행히 귀염둥이 조밥의 어시스트로 위기를 넘겼지만.

이런 촌스러운 입맛도 아담한 철판에 담겨 나온 돼지불고기의 맛에는 극찬을 보냈다. 옆에 놓인 상추도 식당 옆 텃밭에서 뜯어 오신 거라니 맛이 없을 리가 있나. 설탕 대신 넣으셨다는 매실청 향이 새큼한 게, 비록 이 지역 출신 엄마는 없지만 이것은 틀림없는 모정의 맛이었다. 세상에! 소식러 부장님이 공깃밥을 추가하신다. 둘이 먹다 셋이 죽어도 모르겠다는 얼굴. 하긴 고단한 타향살이에 그리웠던 음식만큼 달가운 맛이 없을 것이다.

"잘 먹었습니다."

꾸벅. 기꺼이 지갑을 여는 부장님께 절로 존경을 표한다. 근데 저렇게 사시면 이번 출장에 손해가 막심할 텐데. 출장비랍시고 일비가 얼마 나오기는 하는데, 안 받고 안 가는 게 최선이야. 까다로운 여비 기준에 따라 교통비나 숙박비가 인정된다만, 호랑이 담배 피우던 시절의 물가라 추가 비용은 내돈내산. 아직 어이없어하기는 이르다. 무려 택시는 대중교통으로 인정조차 안 돼서 일비 안에서 해결해야 하거든. 아니 대체 이런 산골짜기에서 시내버스라도 타고 다니라는 거야? 하루에 몇 대 다니지도 않아서 전설의 동물 페가수스라고 불린다던 그 버스? 이러니 까딱하면 마이

너스 출장이라니까.

 심지어 출장에서 발생한 초과근무는 특근으로 인정도 안 된다. 고생은 고생대로 하고 길바닥에 돈을 뿌리고 다니는 셈. 그러니까 지금부터 정신 똑바로 차리고 호떡 뒤집듯 후딱 해치워야 해. 근무시간 내로 복귀하기는 진작에 글렀지만, 저녁만큼은 두 다리 뻗고 편안하게 집밥을 먹고 말리라. 여기서 한 번 더 외식하면 빼박 적자 인생인 거 알지?

오늘만큼은
함박 웃기를

런치코스라는 단어에는 손님을 이끄는 찰기가 있다. 하고많은 날들 중에서도 평일, 24시간 중 단 몇 시간만 누릴 수 있는 찬스. 명백한 타임라인이 그 자체로 혜택처럼 느껴지잖아. 점심 한정 메뉴라니. 어머, 이건 먹어야 해. 주문을 마치고 나면 복권이라도 당첨된 듯 뿌듯해진다. 이리 생색낼 정도의 혜택이 아니라거나 상술에 놀아나는 거라 비꼴 수도 있겠지. 하지만 이대로도 완벽할 기쁨의 점성에 질척임을 더하고 싶지 않다. 산타 할아버지처럼 때로는 의심하지 않는 자에게 복이 오거든. 500원 할인이 어디야. 땅 파봐라. 나오나.

둥글넓적 함박 위로 동그란 프라이. 동글동글한 그들 덕에 둥글둥글 미소가 지어진다. 봐봐. 이태리 레스토랑의 함박이라니 이게 특권이 아니면 뭔데. 지금 내가 목도한 이

식탁이야말로 세계화의 정점이라 할 수 있지. 독일에서 유래해서 일본이 개량하고 한국의 이탈리안 셰프가 만든 음식. 포크로 맛본 데미그라스 소스에서 기품이 느껴진다. 점심 특선이라고 얕볼 수 없는 셰프의 품격. 그릇에 비해 옹졸하지만 원래 레스토랑 플레이팅이 다 그렇지 뭐.

독일의 함부르크에서 태어나 햄버그 스테이크가 맞는 표현이라니. 성인이 되어서야 알게 된 진실에 뜨악하고 말았다. 그럼 설마 햄버거랑은 사촌지간인 건가. 돈가스와 함박이 같은 유럽 출신일 줄이야. 어린 나에게는 그야말로 상상도 못한 정체였다. 그나마 돈가스는 어딘가 외래어다운 느낌이라도 있지, 함박이 어딜 봐서 서양식 네이밍이냐고. 함박이라는 어감이 너무나 한글스럽잖아.

추가적인 변호에 나서보자면 이건 다 우리 엄마 때문이다. 엄마는 이 요리를 항상 '함박'이라고 불렀고, 뒤에 있는 '스테이크'를 묵음으로 처리했거든. 거기에 그 당시 엄마의 함박스테이크는 떡갈비를 닮아 지극히 한국적인 면모가 있었다. 가정식으로 개량된 레시피에 간장을 품은 우스터 소스. 거기에 그들을 수호하는 김치 군단까지. 포크나 나이프도 없이 가위로 잘라놓은 함박을 와구와구 집어먹던 어린이가, 그 비주얼에서 무슨 수로 독일을 느끼겠는가.

근데 햄버그라는 이름도 독일어 같지는 않은데. 당연하게 여겼던 오래된 진리가 무너지면 다른 정설에도 삐딱선을 타게 된다. 그간의 믿음에 대한 배신감과 부정당한 나에 대한 반발심이겠지. 하긴 그게 다 무슨 상관이야. 너의 본명이 무엇이든, 네 소속이 어디든, 그 안에 담긴 본질이 중요한 거지. 그 덕분에 언제 어디서든 그 명맥을 유지해 온 거 아니겠니.

"너, 쟤네 뉴스 봤어?"

뉴스? 무지막지한 크기를 자랑했던 함박과 달리 아담한 햄버그. 손바닥보다 작은 스테이크를 잘라내 치트키인 노른자까지 더한 참이었다. 여기에 데미그라스 소스를 찍으면, 동서양을 막론하고 지구촌이 찬양할 맛이 완성되거든. 채즙과 육즙의 하모니랄까.

"저기 이번에 희망퇴직 받는다잖아. 한때 신의 직장 소리 좀 듣던 팔자가 어쩌다 저리됐는지."

응? 통유리 너머로 번쩍번쩍한 간판이 보인다. 명실상부한 우리나라 4대 은행. 여전히 건재할 꿈의 직장이 흔들린다. 그래서일까. 구석에 숨어 하늘 무서운 줄 모르고 치솟는 담배 연기가 누군가의 한숨처럼 보이네. 뿌옇게 흐려지는 모습을 바라보던 사이 입안의 육즙이 가신다.

희망퇴직이라니 말 한번 고약하지. 예로부터 희망이란 다가올 밝음을 기대하고 바라는 마음이다. 오늘의 어둠을 견디기 위해 품고 사는 간절함. 이 또한 지나가리. 그때가 되면 나에게도, 내가 바라던 삶이 주어질 거야. 행복해질 거야. 웃을 수 있을 거야. 그러니 내일의 희망을 위해 조금만 참자. 이렇게 견디다 보면 별들 날이 온다고. 희망은 스스로에게 거는 암시의 이름이자 오늘을 버틸 이유이다. 불안을 희망하는 사람은 없다. 가난을 희망하는 사람도 없다. 그런데 감히 저런 곳에 희망을 붙이다니. 저게 기만이 아니면 뭐란 말인가.

명예퇴직도 그래. 너 정도면 다닐 만큼 다녔으니 네 손으로 명예롭게 떠나라는 거야? 좋은 말로 할 때 마지막 명예라도 챙기고 나가라는 거냐고. 나갈 수 있을 때 나가. 험한 꼴 보기 전에. 그것을 선의라고 받아들일 직원이 어디 있을까. 우리는 바보가 아니다. 협박과 자율을 구분하지 못할 정도로, 자발로 둔갑한 비자발적 퇴직에 쾌재를 부를 정도로 멍청해지진 않았어.

언론에는 그들의 보상금이 연일 보도된다. 마치 이것이 엄청난 혜택이라는 듯, 지금이 아니면 다시 오지 않을 기회라는 것처럼. 어쩜 그리 사측의 입장만 알뜰히 쓸어 담았는지. 앞날을 불안해하고 좌절하는 직원의 입장은 철저히 묵살되고 배제되어 있다. 입사하자마자 들려오는 해고 소식을, 점점 낮아지는 허들을 희망했을까. 이런 세태를 과연 희망적이라 할 수 있을까.

"근데 그거도 보셨어요? 저기 은행 사상 최대 실적이래요. 진짜 나쁜 놈들인 게 그 기사를 같은 날 내더라니까요?

그래도 점심은 먹어야겠지

그걸 누가 만들었는데. 다들 닭 쫓던 개 신세인 거죠."

 저 고지에만 올라서면 만사가 형통해질 줄 알았을 것이다. 오르면 오를수록 고산병에 걸린 듯 숨통이 가빠르게 조여와도, 등 뒤에 짊어진 지겟짐은 줄어들지 않았겠지. 그럼에도 꿋꿋하게 버틸 수 있었던 것은 희망 덕분일 것이다. 이 지독한 파이 게임에서 우리라도 살아남으리라. 그 허황된 믿음을 그때는 추호도 의심치 않았을 것이다.
 마침내 그 봉우리의 정점에 올라섰겠지. 와아아. 됐다! 다 같이 축배를 들었을 거야. 우리가 해냈다! 어깨 가득 자긍심이 차올랐을 것이다. 하아, 이제 숨 좀 돌리겠네. 저 순이익이 다 일개 직원들의 몫은 아니겠지만, 그래도 양심이 있으면 제값은 쳐줄 줄 알았을 것이다. 그런데 그걸 만든 이에게 돌아온 건 시한부 통보. 그 공은 다 어디로 가버린 것일까. 어떤 놀부의 배를 불리고 있는 걸까.

 "우린 뭐 다르냐. 임원님들 커리어에 지르밟히는 진달래꽃 처지지."

 할미꽃도 아니고 진달래씩이나. 이리 칙칙한 꽃이 어디 있어요. 콘크리트 바닥이면 모를까. 그래도 저 우람한 콘크리트 사옥에 부끄럽지 않게 건실히 버텨주지. 마치 유행처럼 반복되는 디스토피아. 그 풍경을 곁들이니 버터향에 속아 베어 문 브로콜리가 덜 익은 듯 어석거린다. 쓰다. 어쩔 수 없이 분홍빛 피클을 택해도 여전히 쓰네. 꺼끌대는 잔재가 아주 고약하게 써.

예전에는 모두가 명확한 것 같았는데 나만의 착각이었나. 가장 좋아하는 음식 중 하나라면서 이름조차 제대로 몰랐다니 얼마나 황당해. 날이 갈수록 혼란에 혼탁이 더해진다. 당연이 당연이 아니게 되고, 당연하지 않길 바랐던 게 당연해진다. 알고 있는 줄 알았는데 제대로 아는 게 아무것도 없다. 여기저기가 얽히고설켜 질퍽거리고, 끈끈하게 뭉쳐야 마땅할 것들이 찰기를 잃어간다. 함박보다도 못한 현실. 인근의 공공기관이 문을 닫는 날 깨달았다. 나는 내 앞날을 모른다. 그저 희망할 뿐이다. 오늘의 인내로 내일의 안위를 연명할 수 있다던 가르침이 여전히 굳건하기를. 어쩌면 저들이 그랬듯이, 간절히 믿어보는 거 말고는 다른 방도를 모르겠어서.

사전에 따르면 이름은 다른 것과 구별하기 위해 붙이는 말이라고 한다. 그렇다면 내 이름은 내 이름이 아니다. 부모님이 붙여주신 본명이 있지만 나는 그 이름만으로 존재할 수 없으니까. 그 이름으로 불리는 날보다 아닌 날이 더 많으니까. 사회에서 붙인 나의 호칭은 한둘이 아니지만 그 중 나를 가장 든든하게 지켜준 이름은 회사에서 붙여준 이름일 것이다.

수많은 월급쟁이들이 그 이름 때문에 사직을 꿈꾸지만, 그 이름 때문에 퇴사를 두려워한다. 이것은 단순히 월급의 문제가 아니다. 나는 무위로 인해 잃게 될 이름이 두렵다. 사람들이 날 아무개로도 불러주지 않을까 무섭다. 흡사 생일날 촛불을 끄듯 가뿐하게 처리되는 대량 해고. 그런 시스템에서 나 하나 지워지는 건 아무것도 아닐 것이다. 신의 성실의 원칙에서 신의가 사라지자 균형을 잃은 성실이 무너져 내린다.

하지만 난 여전히 성실을 희망한다. 지금의 이름을 잃게 되더라도 또 다른 이름을 얻게 되기를. 번번이 물만 먹고 질어진 신의에 언젠가 찰기가 돌아오기를. 딱 이 함박처럼. 이런 맛과 저런 맛에 휘둘려도 좋으니, 더도 말고 덜도 말고 딱 요만큼 찰진 균형이 돌아오기를.

2장

덕분에 잘 먹었어요

반반 섞어 주세요

"하이하이. 뭐 먹지?"

연례행사 삼아 겨우 만나는 사이지만 안부인사 따위 이하 생략. 너의 안면이 인식되자 타임캡슐처럼 봉인해 둔 말투와 제스처가 해제된다. 상대도 마찬가지야. 어릴 때부터 봐서 그런가. 이건 대체 언제 철드나 싶은 미완성 어른이지만, 너도 어디 가서는 번듯한 사회인 행세를 하고 있겠지.

"먹던 데로 갈까?"

보던 것만 보고 듣던 것만 들으면 나이 든 거라던데, 언제부턴가 유행이고 나발이고 취향 테스트가 피곤해졌다. 모름지기 음식이고 사람이고 아는 맛이 최고여.

"너 거기 최근에 안 가봤지? 사장 바뀌더니 변했잖아. 난 학생 손님들한테 반말하는 거 보고 쫌냈어."

"헐. 대박. 불친절하면 맛집이라도 완전 에바지."

내 언행에 기겁하던 친구가 요즘 그런 말 쓰면 노땅 취급을 받는다며 경고한다. 쳇. 아직 그 정도는 아니라고 선의의 거짓말을 쳐보지만, 나를 두고 자꾸 변해가는 세상이 야속하다. 예전에는 트렌드가 알아서 흡수되더니, 이제는 의도적으로 소프트웨어 업데이트를 진행해 줘야 구식이라는 악평을 피할 수 있어. 하긴 그럼 뭘 해. 하드웨어가 구형인데.

"야. 우리 저기 샤브샤브 갈래? 혼자 살았더니 채소 먹기가 힘들어서."

하! 자기는 어린 척하더니! 채소를 다 사 먹고 너무나 어른스러운걸. 하지만 주기적으로 자연식을 먹어주지 않으면 몸이 고장난다는 말에 고개가 절로 끄덕여진다.

"와. 이것 봐. 육수가 반반으로 나온대. 신기하다. 이거 먹어볼까?"

좋아! 세상 좋아졌다. 매운맛이 끌리다가도 소스 찍어 먹기는 맑은 게 좋잖아. 죽까지 싹 조져주자며 먹부림을 부리는데 친구의 전화가 울린다. 에? 휴일에 업무 연락이라니 노답이네.

"미안. 이번에 작업한 건데 밸런스 게임 같은 거거든. 어제 올렸는데 반응이 엄청 좋았대."

"오올. 나도 볼래. 엥? 이걸 네가 만들었다고? 너 디자인 전공 아니었어? 코딩도 할 줄 알아?"

"배웠어. 야. 프리랜서는 돈만 주면 무조건 고야. 시키는

그래도 점심은 먹어야겠지

대로 두루두루 해야 먹고 살지."

멋지다. 그렇지만 계속 프리로 살면 불안하지 않나. 사람을 좋아하던 만인의 친구 리트리버가 회사 사람에 질려서 프리랜서가 되다니.

나는 디자이너라는 네 직업이 참 부러웠다. 좋아하는 일과 재능으로 먹고 살 수 있는데다, 거무튀튀한 공공기관 라이프에 비해 뭔가 총천연색일 것 같아서. 하지만 그 덕분에 5인 미만 사업장이라는 용어를 알게 되었다. 토막 난 썰로 주워 들은 게 전부지만, 시스템에 대한 불신이 쌓여가기에 충분했다. 그게 불법이 아니라고? 권고가 다야?

노동법에 그렇게 많은 사각지대가 있는 줄 몰랐다. 우리는 같은 노동자지만 같은 대접을 받지 못했다. 마치 알고 들어간 거 아니냐며, 그럼 그에 대한 책임은 셀프로 지라는 듯한 제도들. 나 또한 나랏밥으로 살아가는 처지면서 그들의 행정에 원통해졌다. 다들 대기업만 찾고 콧대가 높아 구인난이 온다니. 정말 지랄하고 자빠졌지.

가끔 뜬금없이 너의 안부가 궁금해지는 퇴근길이 있었다.

"뭐 해?"

"그냥 있어. 왜?"

딱딱한 스크린을 뚫고 물기가 닿았다. 아무리 깜찍한 이모티콘을 더해도 알아차렸고 들켜버렸다. 자백 유도제 같은 목소리가 들리면, 괜찮다고 우기던 나 자신이 괜찮지 않아졌다. 솔직히 너의 사고방식이 온전하게 받아들여지지는 않았지만, 네가 그랬듯 공감하는 척 연기를 했다. 그럴 수도 있지. 자신과 다른 선택에 발작부터 일으키는 몰이해 속에서 나까지 더할 필요는 없잖아.

잠시 스친 과거사로 친구의 웃음이 가실까 봐 얼른 폰을 받아 든다.
"더 나은 쪽을 고르면 돼. 뇌절일까봐 걱정했는데 댓글이 꽤 많이 달렸어. ㅎㅎ"

⇨ 1번 내 말에 무조건 Yes! 떨어지는 일도 모두 Yes! 예스맨 상사 vs 내 말에 무조건 No! 떨어지는 일도 No! 단호박 상사

와씨. 처음부터 장난 없는데? 난 단호박 상사. 어차피 속 터질 거 몸이라도 편한 게 낫지. 내 찐반응에 키득거리던 친구가 육수 칸에 재료들을 반반씩 쏟아붓는다. 일본어 어원처럼 찰랑찰랑 담았다가 꺼내 먹는 게 조리법이지만, 성질 급한 한국인은 전골 스타일이 편해. 몽땅 때려 넣고 익으면 와랄라 먹어버리는 거지. 그걸 언제 하나하나 익히고 앉아있어.

그래도 점심은 먹어야겠지

⇨ 2번 주도적인데 불만투성이 직원 vs 수동적인데 수용적인 직원

흐음. 왼쪽. 휘릭휘릭.

"야야. 고기 익었다. 먹으면서 해. 쓰던 젓가락으로 먹어도 되지?"

당연한 걸 묻네. 저것도 사회화의 증거려나. 둘 다 빈 속이라 그런가. 맑은 육수 위에서 손이 부딪친다. 유유상종이라더니 찌찌뽕이네. 고기와 숙주를 함께 땅콩소스에 찍는다. 고소한 땅콩기름으로 위장과 혀를 코팅해 주고, 살짝 물릴 것 같을 때 요 매콤 배추를 먹는다. 말하지 않아도 착착. 말하지 않아도 같은 코스로 즐기고 있는 친구와 나누는 인정의 끄덕임. 역시 먹잘알.

⇨ 4번 성과가 안 나오지만 잘 맞는 일 vs 성과가 잘 나오지만 안 맞는 일

"미친 거 아니야?"

내 과몰입에 출제자가 자지러진다. 직업 만족도 100%의 웃음. 당연히 오른쪽! 돈 벌려고 출근하는 거니까. 성과=돈. 열심히 해도 보상이 없는데 좋을 리가 없지. 약이 오른 입에 버섯을 넣고 질경질경 씹어준다. 밍밍한 버섯은 매운 육수에 담가줘야 맛있어.

⇨ 7번 일은 못하는데 애는 착한 팀원 vs 일은 잘하는데 인성 쓰레기인 팀원

"쓰읍. 이건 좀 애매하네. 1인분이 안 되는 사람이 있고 사고 메이커가 있잖아. 어쨌든 일하려고 모인 거니까 일잘러가 나은 것 같아. 업무가 계속 튕겨오는데 그 사람이 착해 보일 리가 없어."

"성격 파탄자가 하루에도 몇 번씩 너 막 무시하고 분노 조절 못하고 싸패같이 굴어도?"

으악. 직장에서 한 번쯤 마주칠 상황이다. 이리 울화통이 터지는 걸 보니 당해본 것 같기도 하고. 일도 사람도 마찬가지야. 이 부분은 괜찮은데 저게 별로고. 결국 장점보다는 최악의 상황을 시뮬레이션해보고 그나마 참을 만한 상황을 꾸역꾸역 선택한다. 이게 내 의지가 맞나 싶어도 고를 수나 있으면 다행이지. 보이지 않는 힘에 떠밀려 낭떠러지로 내몰린 적이 허다해.

⇨ 10번 일은 고된데 팀워크는 최고 vs 일은 편한데 팀워크는 개판

왼쪽을 고르려다 조소가 터졌다. 일만 잘하면 만사 오케이라면서 사람 때문에 힘든 건 싫다니 웃겨. 나도 은근 딜레마 덩어리라니까. 근데 설마 애는 이걸 다 겪어본 건가.

두근두근. 짠! 결과가 나왔습니다!

"나는 극강의 효율러래. 잘 맞는데? 나 ESTJ잖아. 너는 뭐였어?"

둥글둥글 테디베어? 껵껵. 이번에는 내가 뒤로 넘어간다. 다행히 여전하구나. 진성 폐급이 아닌 이상 유형에 완벽한 오답이 어디 있겠어. 달라서 흥미롭고, 때로는 불편한데 도움이 될 때도 있고 그런 거지. 남들 눈에는 나도 그런 옵션으로 보일 것이다.

나도 하나 내볼까. '빛 좋은 개살구 vs 계륵' 중 넌 뭐가 되고 싶어? 난 계륵. 그래도 그건 맛이라도 있잖아.

"국수는 얼큰하고 죽은 맑게 고고? 세상일도 이렇게 반씩 섞이면 좋을 텐데."

"아니지. 이건 반반 따로지. 하긴 다 먹으면 뱃속에서 섞이기는 하겠다."

"하여튼 대문자 T라니깐."

질색하던 친구가 대뜸 '육각형 인간'이라는 말을 아냐고 묻는다. 게임 캐릭터 스탯창 중에서 6각형으로 되어있는 거. 그걸 골고루 채운 인간인 건가? 결국 만능캐네.

"응응. 심지어 다 평균 이상으로 채워야 한대. 대박이지? 처음엔 이상형으로 시작하더니 이제는 그런 인재가 되야 이 거친 사회에서 살아남을 수 있단다."

그런 회사도 없겠다. 도대체가 그딴 말은 누가 만드는

건지 참 양심도 없다. 언제는 단점에 집착하지 말고 장점을 키워야 스페셜리스트가 된다더니. 그리고 집단지성이 괜히 히트했겠어? 하늘이 내린 인재는 아니지만 평범이들도 모아놓으면 뭐가 나오더라 그런 거잖아. 어디가 맹탕인 이가 있으면 간간한 사람이 맞춰주고, 그러다 보면 반반으로 중화되고 그러고 사는 거 아니겠냐고.

"그만큼 돈이나 주라 그래. 양심에 털 난 것들."

"좋겠다. 탈모 걱정은 없겠네."

허를 찌른 노어이 드립에 동시에 폭소가 터진다. 너도 참 여전하구나. 내 곁에서는 부디 쭉 피터팬으로 남아주지 않을래?

씨씨씨를 뿌리고
엿엿엿을 먹었죠

뭐? C? 주룩주룩 B도 아니고 C? 이런 씨. C 같은 소리 하네.

내가 이씨. C 따위를 받으려고 작년 한 해 동안 그 개고생을 한 줄 알아? 이 씨베리안 허스키들아. C발. 내가 얼마나 교양이 넘치는 사람인데. 평소 온갖 개소리에도 함부로 욕을 뱉지 않거늘. 그토록 너른 배포에도 불구하고 지금 저 단전 깊은 곳에서부터 치밀어 오르는 욕지거리를 참을 수가 없다. C앙!

고운 말을 품어야 고운 사람이 된다고? 듣는 귀가 험해서 입마저 거칠어진 걸 어쩌라고. 자꾸 욕 나오게 구는 놈 책임도 있는 거 아냐? 콩 심은데 콩 나고, 팥 심은데 팥 나면, C 심은데 씨 발아가 당연한 것을. 이 사태의 시발점은 어디일까. 어디 C발 점만도 못한 새끼가 C를 줬냐고. 위에서 뿌린 씨를 애지중지 키운 죄밖에 없는데. 뿌린 대로 거두었건만 고진감래는 개뿔, C를 뿌려? 지난해 수확한 성과가 아무리 대성하면 무얼 하나. 제 값을 잘 쳐서 받아야 풍년이지.

재작년 목표치를 모두 달성하고 그 위로 한 되는 더 없어서 채워냈건만. 봄여름가을겨울, 격변하는 사계절 동안 간신히 일궈놓은 1년 치 농사였다. 그런데 거기 녹은 내 청춘에 쭉정이 판정이 내려진 것이다. 그러면 어딜 봐도 흉년이지. 사업 결과가 어떠하든 그들이 망했다 그러면 흉년인 거야. 소작농 팔자가 이래서 서럽구나.

고작 이 꼴을 보려고 김씨, 이씨, 박씨 등쌀에 치이고 시달리며 싸워댔나. AC! 왜 술도 못 먹게 점심 회식이야! 점심이라 좋다고 환영할 때는 언제고, 기분을 잡치니 만사에 시비가 걸린다.

이런 족발! 메뉴까지 족발이고 난리람. 잠잠해진 젓가락질에 속절없이 녹아내린 막국수. 서민적인 메뉴만큼 소박했던 사기도 따라서 무너졌다. 안 그러게 생겼어? 무슨 이런 족 같은 경우가 다 있냐고. X발! 이런 족발 같은 회사. 다 족 같아! 운수 좋은 날도 아니고 좋아하는 고기를 줬는데 왜 먹질 못하니.

부서 평가 외에 개인 평가가 엄연히 따로 존재한다지만 그래도 C는 C다. 목표치를 달성한 다른 부서들도 좆 먹던

힘을 다했겠지. 상대평가라서 어딘가는 C를 받아야 하는 것도 안다. 그런데 왜 하필 우리야. 아무리 곱씹어도 섭섭한 걸 어떡해. 마음 같아서는 저 튼실한 통다리를 우가우가 먹어 치워야 속이 시원해질 것 같다만. 그러다 괜한 사달을 낼까 싶어 얌전히 썰린 살코기를 집어 든다. 그립감이 남다른 게 어디 가서 후려치기 딱 좋잖아.

미리 예약한 덕분에 들어서자마자 맞이한 회식상. 상다리가 휘어지도록 차려진 고기 반찬에 잔뜩 신났었는데. 살얼음 가득 막국수도 신명 나게 비벼주고, 소주 대신 콜라와 사이다로 건배도 나누고. 소탈하긴 해도 얼마나 화기애애 했는데.

"그래도 회식인데 할 건 해야죠!"

부장님의 건배사를 기다리던 찰나. 느닷없이 외마디 외침이 터져 나왔다.

"부장님! 부서 성과가 나왔다는데요?"

"지금? 봐봐!"

그 소식을 전한 이가 미처 결과를 확인하기도 전에 폰부터 받아 든 부장님. 그랬던 그가 조용히 잔을 떨궜다. B라도 나왔나. 잠시 후 도미노처럼 짜부라지는 일동. 작년에 A였던 우리가 C를 받을 줄이야. 평균 미달 C.

"낮술이 그렇게 달다는데. 진짜 C급이 어떤 건지 보여줄 겸 확 질러봐?"

아서라. 그러다 신고당하면 C급은커녕 폐급행이야. 더럽고 치사해도 밥그릇은 소중하잖아. 공직자의 기강을 위해 마지못해 물병을 든다. 내 속도 모르고 청량한 때깔이 꼭 소주를 닮았네. 벌컥벌컥. 크으. 혈중 치기 지수가 치솟는다. 대학에서 C 받으면 재수강이라도 하지. 회사에서 C가 뭐냐, C가. 우이C!

"죄송해요. 제가 밥 먹다 괜한 말을 꺼내서…."

이럴 줄 알았나요. 이 시간에 발표한 그놈들이 문제지. 그런데 보자 보자 하니까 이놈들은 상도덕도 없나. 잘 먹고 있던 사람들 사레들리게 이 시간에 공지를 띄우고 난리야. 니들은 밥도 안 먹냐? 결과에 승복 못한 부서장들이 따지러 올까 봐 무리수라도 쓰는 거냐고. 무례하긴.

크아아아. 초록색 사이다 캔을 들고 이런 개 같은 날은 초록이 딱이라는 팀장님. 통째로 때리는 원샷에 나까지 통쾌하네. 맞지맞지. 이런 날은 초록이지. 그의 주접에 격한 동의를 표하면서도 긍정의 기운이 나질 않는다. 이럴 줄 알았으면 농땡이나 피울걸. 그랬으면 억울하지나 않지.

역사와 전통의 업무라며 자부심을 가지라고 할 때는 언제고 구닥다리 잡무 취급이라니. 이러다 내년에는 D 받는 거 아니야? EC. 누군 신사업 하기 싫어서 안 해? 나라고 뭐 이딴 부서 오고 싶어서 왔나. 발령으로 등 떠밀려 왔지. 잘 줄 놈이 정해져 있으면 성가시게 성과 보고서는 뭐 하러 내냐고. C익C익. 아우성치는 C 단조에 분위기가 점점 거칠어진다.

매년 목표치를 설정하는 성과 시즌이 오면 상사와 직원들 간의 투쟁이 일어난다.

"못한다니까요. 올해도 겨우 맞췄잖아요."

"위에 성의는 보여야 할 거 아니야. 그리고 왜 못해. 마른 오징어도 쥐어짜면 물 나오는 거 몰라? 내 입만 바라보지 말고 누구 혁신적인 아이디어 없어?"

언제는 해오던 대로만 하라고, 철밥통이 월급만 철밥통인 줄 아냐고 따지더니. 자기 있는 동안 티끌 하나 바꿀 생각 말라던 인간이, 천연덕스럽게 혁신을 외친다. 혁신은 보고서에서만 쓰라면서요. 그래도 성과는 잘 받아야겠다 이거야? 창조경제를 본받아 새로운 척, 발전하는 척, 기여하는 척 창조성과를 만들어낸다. 하지만 순전히 허위는 아니라도, 아무리 꼼수라 해도 그 목표치를 채워내는 아등바등은 리얼이니까. 매년 가파르게 상승하는 목표치를 가까스로 달성했거늘, 모두의 생명력을 쥐어짜낸 성과를 치욕으로 갚아주다니.

굳이 내가 아니어도 상관없는 업무들. 그 고리타분한 루틴을 채우다 보면 자꾸만 의심이 들었다. 이 업무는 무슨 가치가 있는 걸까. 어떠한 보람도 성장도 느껴지지 않는, 여기 바친 시간들은 어떤 의미가 있는 걸까. 어차피 이 성과의 표지에는 내 이름조차 찍히지 않는데 내겐 뭐가 남는 걸까. 외면하려 해도 잡초같이 자꾸만 되살아나는 실망감.

그렇게 피어난 허기가 싱크홀이 되어버렸나. 아무리 쇼핑을 하고 눈요기에 나서도 도무지 허무가 채워지지를 않는다. 나는 왜 매달 또박또박 꽂히는 월급만으로 만족할 수 없는 걸까. 바보같이 왜 자꾸 일의 목적을 궁금해하고 나와 동일시할까. 왜 회사에서 자아를 찾냐고? 그럼 어디서 찾아. 여기 있다 집에 가면 하루가 저무는데. 평생 제일 많은 시간을 여기서 보내는데.

그럴 때마다 성난 나를 달래려고 중얼대던 주문이 있었다. 그래도 돈까지 줘가면서 시킨 데는 이유가 있겠지. 이 일을 설계한 꼭대기는 그 가치를 알아주겠지. 큰 그림 속에서 나도 어딘가 쓸모가 있는 거겠지. 자꾸 닦달을 해대는 의미가 있을 거야. 그 성적표가 C일 줄도 모르고. 그들이 생각하는 내 가치가 C일 줄은 꿈에도 모르고 필사적으로 붙들고 있었다니까. 그것마저 놓치면 정말 버틸 재간이 없어서.

"여러분이 아니라 다 부장인 내가 부덕한 탓이지, 뭐."

뭘 또 저렇게 처연하셔. 탓도 못 하게. 그의 반성에 웅성대던 분노가 가라앉는다.

"그런 뜻 아닌 거 아시잖아요."

물론 저 고백이 사실일 수도 있다. 성과가 어디 업무로만 채워지던가. 여기서 하는 일이라 봐야 다 고만고만한 것을. 그래도 굳이 지금 시시비비를 가리며 마녀사냥에 나설 생각은 없다. 미우나 고우나 그도 고작 이런 결과를 위해 지난 365일을 달려온 건 아닐 테니까. 이 일로 가장 큰 낙인이 찍히는 존재. 그 또한 그 위치의 숙명일 테니까.

"그래도 드시죠. 먹고 죽은 귀신이 때깔도 곱다고."

회사 원귀가 되어 구천을 떠돌기 전에, 어차피 회삿돈인데 이거라도 양껏 누려야 한이 풀리지. 동지들끼리 모여 앉아 쫄깃한 콜라겐을 사납게 씹는다. 누가 보면 산적떼인 줄 알겠어. 그래도 정겹게 삼키다 보면 찌그러진 회복탄력성이 탱탱하게 돌아올지도 모르잖아.

그리고 언제는 상한 마음이 회복돼서 다녔나요. 악으로 깡으로 맷집으로 다녔지. 매번 배신을 때리는데 맷집이 안 늘고 배기겠냐고요. 암튼 드세요. 식음전폐한다고 결과가 바뀌는 것도 아니고. 기운 차려 호박씨라도 실컷 까야 흉진 애사심에 굳은살이라도 돋아나지.

칼국수 메이트를 찾아서

현관문을 나서자 뺨에 서리가 내린다. 이런 쌀쌀한 날은 칼국수지. 오늘의 점메 결정! 땅땅! 아직 회사에 닿지도 않았는데 오버 아니냐고? 응, 맞아. 나 먹으려고 출근해.

오전 중 가장 중요한 미션은 임원 보고도, 내가 주관하는 회의도 아니다. 그런 건 진부해진 지 오래라 딱딱하게 굳은 내 심박수를 건드릴 수 없어. 딱히 상처받을 일도, 기뻐할 일도 없는 돌하르방. 그렇게 석화되어 버린 내가 유일하게 살아 숨 쉬는 순간이 있다. 오늘 점심은 누구와 무엇을 먹어야 잘 먹었다는 소리가 나올까. 그 1시간을 위해 황천길 같은 출근을 해내고 오전 몫의 역경을 굳건히 버틴다.

사회생활이 그렇듯 모든 점심이 만족스러울 수는 없다. 회식이나 강제 징집에 끌려가기도 하고, 식사인지 고문인지 긴가민가할 만큼 괴로운 밥도 있었지. 그런 날은 법정

휴게시간을 보장받았는데도 쉰 것 같지가 않았다. 그러나 오늘은 아니야. 회사로 향하는 발걸음이 유난히 가벼운 것은 이 스텝의 끝에 친애하는 스페셜 게스트가 있기 때문이지.

'칼국수? 지금 9시 10분인 거 알아? ㅎㅎ. 암튼 좋아. 이따 1층에서 보자.'

한 방에 통과라니! 컴퓨터를 켜자마자 점심 계획안부터 결재받았다. 바지락 칼국수는 2인분부터 주문 가능이거든. 아무리 먹고 싶어도 짝꿍과 이심전심이 통하지 않으면 먹을 수 없어. 암튼 시작이 좋은 걸 보니 왠지 일도 잘 풀릴 것 같다고. 그 징크스를 어김없이 눌러버리고 말았으니.

임원 보고는 그럭저럭 잘 끝냈는데 다음 회의에서 누가 뻘소리를 찍찍 뱉어대는 거야. 부장이라면서 본인 부서 업무 파악도 안 됐나. 내 어이가 달아날 정도니, 듣고 있는 실장들의 냉기에 회의실은 냉동고가 되었지. 보다 못한 주변 부장들이 그 얘기가 아니라고 나침반을 쥐어 줘도, 눈치 없는 쇄빙선은 막가파 직진을 멈출 생각이 없었어. 옆에 앉은 담당 팀장은 중간중간 썩소를 날리는 게 틀린 걸 아는 눈치던데, 일부러 엿을 먹이려는 건지 대꾸가 없더라고. 보나 마나 이 둘 사이에 내가 모르는 비하인드가 있겠지만 하나도 안 궁금했다. 결국 성깔 있는 북극곰 실장님이 분노의 일갈을 때리고 막을 내린 회의. 노빠꾸 부장은 괜히 우리에게 화풀이를 해댔지.

망했네. 회사에는 아무리 최선을 다해도 뜻대로 돌아가지 않는 일이 있다. 일단 밥부터 먹고 생각하자. 어차피 다 먹고 살자고 하는 일이잖아. 뒷감당이고 뭐고 한숨 돌리면 뭐라도 나오겠지. 으아아, 당 떨어져.

쓸데없이 늘어진 회의 탓에 엘베 지옥에 걸려버렸다. 미역 줄기처럼 빽빽한 사람들 틈에 껴서 양해의 카톡을 보냈지.

"늦어서 죄송해요."
"괜찮아. 회의가 다 그렇지. 잘 끝났고?"
"네. 회의가 거기서 거기죠."
"야, 너도 회사 사람 다 됐다."

예전에는 매사 시큰둥한 저 표정이 정색인 줄 알았는데, 알고 보니 저건 그의 기본 얼굴이었다. 어느덧 처음 만났을 때의 그만큼 연차가 차버린 나도, 요즘 저 표정을 디폴트로 살고 있다. 무표정이 편해. 웃는 얼굴에 침만 잘 뱉더라. 차가운 가두리 양식장에 갇혀 비슷비슷하게 엉망진창인 떡밥들을 처내다 보면, 웃을 일도 화낼 일도 그럴 기운도 없어진다.

악성민원에도, 금붕어 팀장의 무지성 발뺌에도, 평온함을 잃지 않던 사수가 부러웠는데 이제는 그 착각의 정체를 안다. 옆에서 지켜만 보는 내 손이 분노로 떨려와도 꿈쩍 않던 멘토. 그를 모니터 앞에 붙들어 놓은 것은 다름 아

그래도 점심은 먹어야겠지

넌 체념이었다. 모두를 만족시키겠다는 기개도, 상대에 대한 상식적인 바람들도 내려놓고. 내 잘못이 아닌 일에 조아리며 제 목소리를 잃고 나자 모든 일에 덤덤해진다. 적당주의. 이만하면 됐다 하고 넘기는 나날. 언젠가 다닐만하냐는 사수의 질문에 그냥 그렇다고 답했지. 그러자 그가 쓰게 웃었다.

"많이 컸네. 이제 하산해도 되겠어."

들기도 어려울 정도로 거대한 그릇에 한가득 차 있는 칼국수. 바즈락바즈락. 아지랑이가 피어오르는 국자를 묵직하게 건넨다.

"드세요."

"됐어. 너 먹어."

"아, 팔 아파요. 빨리 받으세요."

"거참."

통통한 면발처럼 호로록 넘어간 세월. 그 사이 사수님과 나는 승진을 하고, 우리 관계도 제법 푸근하게 퍼져버렸다. 첫날에는 정말 상상도 못했었지. 이 양반과 이렇게 편하게 마주볼 날이 올 줄이야. 역시 오래 다니고 볼 일이라니까.

크으, 죽인다. 국물 한 모금에 깊고 진한 바다향이 밀어닥친다. 품고 있던 육수를 모조리 빼앗긴 바지락이 쩍쩍 항복하고. 파도를 닮은 조개 소리가 절그럭대는 게 해물 맛이 제대로다.

"여전하네."

그렇네요. 울퉁불퉁한 반죽에 아삭한 겉절이를 얹으면 마늘향 가득한 칼칼함이 후루루룩 넘어간다. 그리고 면발 사이로 고만고만한 안부가 오가지. 척하면 척 눈빛만 봐도 통하는 식상한 토크지만, 귀에 착착 감기는 아는 맛에 숨통이 트인다. 속이 뻥 뚫리게 시원하네.

"팀장님 요새도 신입 오면 단속부터 하고 시작하세요? 그러다 뉴스 나와요."

"내가 항상 말하지만, 위고 아래고 만만해 보이는 것보다 어려워 보이는 게 나아."

과거 저 명언을 이해 못했던 나는 온갖 통발에 걸려버렸다. 저기서 혼자 고생하길래 예전 내 생각도 나고, 같은 처지인 줄 알고 손을 내밀었더니 그게 미끼였던 거야. 한 번만으로 시작했던 선의가 바지락 껍데기처럼 치워도 치워도 끝이 없더니, 나중에는 당연하다는 듯 일감을 던지고 가더라. 자기는 알맹이만 쏙 빼먹겠다 이건가. 더는 못 참아. 진주 같은 내 시간을 당연하게 갈아 넣는 진상에게 '이제 그만'을 외치자, 복어로 돌변한 그는 가시를 드러냈다. 갑자기 왜 그러냐고? 갑자기? 불어 터진 칼국수처럼 곤죽이 되고 나서야 사수의 뜻을 해독해냈지. 그 뒤로 조개처럼 단단히 닫혀버린 나. 오히려 벽을 치니 선 긋는 일도 수월하더라고. 이걸 좋아해야 하나 씁쓸하지만, 그리 아낀 에너지로 내 편 한 번 더 챙기는 게 낫다. 그러면서 깨달았다. 사수도 이 지독한 뻘밭을 헤쳐왔겠구나. 그런데도 날 품어준 거구나. 당연한 줄 알았지만 당연하지 않았던 호의.

"하아아. 다시 팀장님 밑에 들어가고 싶다. 그때가 좋았는데."

"다 커서 징그럽게 왜 이래."

"아니거든요? 저 아직 응애응애거든요?"

택도 없는 소리에 폭소하는 팀장님. 해냈다. 선배도 가끔 내 덕에 웃기도 해야지.

영양제라도
먹어야 버티지

블라인드 틈으로 들어온 햇살이 손을 녹인다. 한 뼘도 안 되는 폭에 농축된 봄. 지나가는 사람에 가로막힐 때마다 깜빡이는 게, 지각쟁이 봄 아가씨가 사과의 윙크라도 건네는 것 같다. 하긴 삼일절이 지난 게 언젠데 이제 왔니. 꽃샘은 있는 대로 떨어놓고 잔망 부리기는. 그나저나 천장을 가득 채운 형광등은 차갑기만 한데 너는 참 따사롭구나.

분명 곱게 빗고 에센스까지 바르고 출근했는데, 어느새 산발이 된 민들레 머리가 볕을 향한다. 마침 메뉴도 동그란 햇님을 닮은 오므라이스네. 그래 봐야 냉동 채소 볶음밥에 네모난 계란지단을 던지듯 얹어놓은 게 고작이지만. 소시지 반찬까지 급식 같아서 마음에 쏙 드는걸. 아무래도 겨울잠에 든 동심이라도 깨워버린 모양이다. 걷기 좋은 날씨네. 이런 날은 밖에 나가 햇볕만 쬐여도 기분까지 일광소독되잖아.

막상 학생 때는 3월이 지독하게 싫었다. 여학생에게 새 학기란 정재계 뺨치는 권모술수의 현장이거든. 연례행사로 찾아오는 익숙한 듯 낯선 교실. 조용히 서로를 스캔하는 눈빛이 날카로워 움츠러든다. 안 돼! 정신 차려! 무리를 만들 재주가 없다면 간택이라도 받아야 할 거 아니야. 급식은 또 누구랑 먹는담. 쉬는 시간마다 눈치로 가득해서 쉴 수가 없었다. 차라리 하루 종일 공백 없이 수업하면 좋겠다. 혼자여도 티 안 나게.

그런데 간혹 운명의 친구가 먼저 다가오는 기적이 있었다. 샤워기를 틀었는데 딱 좋은 온도의 온수가 쏟아져 내리는 듯한 행운. 뜨겁지도 차갑지도 않은, 나를 위해 존재하는 듯한 그 손을 잡고 있으면 하이틴 로맨스가 부럽지 않았다. 이 정글에서 사랑은 옵션, 우정은 필수니까.

생존을 위해 매년 반복되는 짝짓기 경쟁에 이골이 났지만, 외톨이로 낙인찍히는 건 죽기보다 싫었다. 얼렁뚱땅 맞잡게 된 손이 너무 차가워 동상에 걸려도, 지나치게 뜨거운 언행에 화상을 입더라도, 그 손을 쉽사리 뿌리칠 수 없었다. 행정상 한 반으로 묶였다는 이유로 이들과 친하게 지내야 한다는 말씀이 창살 같았다. 이용하고 이용당하고. 참으로 지난한 친목질의 역사였지.

학교를 벗어나도 그 굴레는 계속되었다. 아웃사이더를 부적응자로 여기는 조직의 시선이 새로운 간수가 되었거든. 그런데 어느날 동료평가를 보는데 이상한 거야. 소통

항목이 업무 퍼포먼스와 나란히 평가된다고? 그렇다면 회사는 그 둘을 동급으로 여기는 건가. 동료와의 인간관계도 업무처럼 마땅히 제공해야 할 서비스인 걸까? 월급 내역서나 근로 계약서에서 그런 내용은 일절 없었는데. 그 노동은 과연 무급일까, 유급일까. 평가가 좋으면 성과금도 잘 나오고 승진에도 유리하니 유급으로 쳐줘야 하나? 그럼 시급으로 하면 얼만데?

졸업이 없는 직장에서 온도가 다른 동료와 엉겨 붙어 지내는 데는 많은 인내가 소모되었다. 그러니 굳이 계산기까지 두드리지 않아도 자명해 보였지. 이 감정 노동은 무상을 넘어서 밑지는 장사가 틀림없었다. 이건 불공정 계약이야. 그런 괴상한 논리로 인싸 흉내에 반기를 들게 되었다. 일하러 모였으니 일이나 하다 가자. 사회인으로서 탑재해야 할 매너는 지키되, 서로의 온도가 느껴지지 않을 만큼 미온적인 태도와 거리를 유지했다. 포장 속 알맹이를 끄집어내 알려주거나 알려고 하지 않아도 돼. 무색무취의 남으로 만나 남으로 헤어지자.

나이스하지만 묘하게 쌀쌀맞은 챗봇을 롤모델로 삼았다. 그러자 '그냥' 동료들은 내 미적지근해진 태도에 성숙해졌다는 고평가를 건네더라고. 그렇구나. 한데 묶인 이들은 동료일 뿐 반드시 친구가 되어야 할 의무는 없었구나. 지나친 사람 냄새는 멀찍한 우리 사이에 떠어쓰기만 더 하게 만들었구나. 서늘한 듯 멀찍한 거리에서 도리어 해방감을 느꼈다. 그러니까 이것은 엄연한 진화다. 과연 담임은 모든 선생과 친하게 지냈을까. 이 진리를 이제야 깨달은 게 통탄스러울 정도로 지난 세월이 억울해졌다.

"와. 완전 봄 날씨네. 과장님, 그거 아세요? 사람도 식물처럼 광합성이 필요하대요. 어디서 봤는데 햇볕을 쬐면 몸에서 무슨 호르몬이 나와 가지고 공격성이 줄어든다더라고요."
"비타민 D요? 그건 골다공증인가 그런 거 아니었어요? 나 그거 먹는데."
"그거 아닌데. 잠만요. 이거! 세로토닌! 이게 행복 호르몬이래요. 암튼 저희는 원래 좋은 사람들인데 해를 못 봐서 이렇게 된 거라고요. 이놈의 회사."

그게 없어서 다들 이 꼴인 건가.
"그 호르몬이 고갈되어 버리면 암흑 진화라도 하나 봐요."
"암흑 진화 그거 진짜 짜증났는데. 다마고치 하다 그거 나오면 엄청 빡쳤잖아요."

예상된 알고리즘을 완벽히 벗어나는 기승전결. 그래도 이렇게 뚱딴지스러운 샛길로 환기를 시켜줘야 다시 휴먼으로 돌아갈 수 있다. 행복만 없는 게 아니야. 로봇의 삶을 택한 나는 인간성을 잃어가고 있다고. 휴머노이드도 인간도 아닌 애매한 존재, 형편없는 사이보그로서 말이다.

사무적으로 진화한 내가 다른 이의 사연을 궁금해하지

않듯이, 그들도 내 형편을 봐주지 않는다. 거두절미된 사정만큼 사라진 인정. 정량화된 숫자들과 딱딱한 대화에 둘러싸여 있으면, 상대하는 이들이 사무용 기기처럼 느껴진다. 하긴 서로를 정녕 인격체로 여긴다면 이리 굴지는 못하겠지. 고장난 복합기의 사정 따위 궁금하지 않듯이 냉철을 넘어 냉혹한 피드백. 사무적 태도의 기준 온도가 점점 내려간다. 그 냉랭함에 놀라 감정을 드러내는 순간, 프로답지 못하다며 불량품 취급을 받게 되지. 그 논리대로라면 인공지능은 최고의 프로로구나. 그래서 인류가 맥없이 대체되는가 보다.

프로다움을 증명하기 위해 휴머노이드를 연기한다. 감정이 없어 아무렇지 않습니다. 그러니까 그쪽도 인간미를 드러내지 마세요. 안 궁금합니다. 앞뒤는 필요없으니 일만 되게 하세요. 일! 일!

안타깝게도 완벽한 휴머노이드로 진화하지 못한 사이보그는 그 과정에서 상당한 거부반응을 겪는다. 차라리 감정 시스템을 기계로 대체하고 싶다. 그러면 여기 리셋 버튼이라도 달리겠지. 아예 탈부착까지 가능하면 더 좋고. 출근할 때 성가시기만 한 부품을 침대에 두고 나올 수 있게.

그런데 지난 수난기에 대한 회사의 보답일까. 내 주위로 기묘한 인연들이 나타났다. 인사부가 점지해 준 소울메이트. 기계 인간들 속에서도 우리는 서로의 온도를 단숨에

그래도 점심은 먹어야겠지

알아차렸다. 그리고 월E와 이브가 그랬듯이 꽁꽁 감춰왔던 온기를 기꺼이 공유했지. 아무리 일로 만난 사이라도, 이런 우리에게 불량 판정이 내려질지라도, 드디어 만난 적정 온도를 그냥 흘려보낼 수는 없었다. 그리 당하고도 반쪽짜리 사이보그들은 여전히 함께할 누군가를 꿈꿨나 보다. 요즘 내 수다 클럽 MVP인 옆자리 콩대리가 그중 하나지. 지금도 봐. 내 텔레파시를 받았는지 산책을 나가자고 꼬시잖아.

회전초밥처럼 사옥 주변을 뱅뱅거리는 직원들. 짠테크나 게임 때문에 늘어났다지만, 이 찰나의 산책은 생물로서의 본능에 가까울 것이다. 동트기 전 출근해서 달님을 등지고 돌아가는 집. 점심 나들이만이 직장인에게 허락된 유일한 일광욕 타임이니까. 냉혈한마저 따끈하게 데워주는 자외선에 다시 사람다워지는 시간. 정말로 행복 호르몬이라도 충전된 건지, 산책러들 주위로 사람스러운 웃음이 울려 퍼진다. 밖에서 보니 이제야 좀 휴먼다워 보이네.

"옛날 생각난다. 저 고딩 때도 친구랑 맨날 운동장을 돌았거든요. 뱅글뱅글."

저두요. 그렇다. 그때라고 그토록 무정하기만 했던 건 아니었다. 한 손에는 간식을 들고, 다른 팔엔 따스한 체온을 교류하던 점심. 교무실 앞에 전시된 전교 석차의 이간질에도 우리의 팔짱은 꿈쩍하지 않았다. 여기서 남는 건 대학 간판뿐이라던 교도관. 그들의 삼엄한 감시 아래에서도 공부 기계의 삶을 버티게 해준 건, 엄마의 홍삼액이 아니라 너와 함께했던 산책 덕분이었을 것이다.

어른들의 협박과 달리, 그때의 광합성은 여전히 내 안 어딘가를 밝히고 있다. 영양가 없는 잡담에 웃기 바빴던 시간. 추억와 우정에 마음이 공명한다. 그 울림이 간지러워 웃음이 난다. 까르륵. 딱 고만큼 회복되는 인류애. 맞아, 난 사람이었지. 웃을 줄 아는 사람.

"전 세로토닌 필요 없어요. 대리님만 있으면 되거든요."
"어우, 증말." 내 팔뚝을 찰싹이는 손길마저 포근하구나.

먹고살기
참 쉬우시겠어요

    도로롱도로롱. 그 새끼다. 번호를 확인하자마자 격심한 통증이 느껴진다. 누가 심장을 잔뜩 움켜쥐고 뒤흔드는 듯한 흉통. 그래서 저산소증 증세가 나타나는 거겠지. 그렇지 않고서야 전화벨을 따라 찌릿해지는 관자놀이와 손끝까지 싸해지는 감촉을 어찌 설명할 수 있을까. 아마 난 이미 질식이라도 해버린 듯 파랗게 질려 있을 것이다. 하지만 아무도 내 응급상황을 알아주지 않는다. 8년 묵은 과장의 고난을 대신 짊어져 줄 흑기사는 어디에도 없다.

    전화선을 빼버릴까. 공공기관 직원에게 수신 거부라는 옵션은 주어지지 않는다. 앞으로 펼쳐질 모든 치욕을 알면서도 이 도돌이표 지옥에서 벗어날 방도가 없다. 살고 싶어 발버둥치는 손을 뻗어 수화기를 잡는다. 이래야 살아. 먼저 이성을 잃으면 지는 죽음의 게임. 스타트.

통화의 요지부터가 노답이었던 개진상. 지난 며칠간 나는 해줄 수 있는 모든 말을 했고 상대는 들을 생각이 없다. 악성민원 대처법 같은 거 없냐고? 있지. 녹음도 되고 있어. 이 인간이 그 지침을 꿰뚫고 있는 게 문제지. 고성도 반말도 없이 독설을 뱉어대는 게 한두 번 해본 솜씨가 아니다. 네 진짜 목표는 내 영혼의 굴복이 틀림없었다. 과연 저 존댓말 속 존대의 함량은 얼마나 될까. 그런 자신을 교양인이라고 믿는 듯한 말투가 진정한 빡침 포인트지.

바짝바짝 피가 마르는데 겨우 10분이 지났다. 앞으로 20분은 더 지나야 오늘치 할당량을 채울 수 있겠지. 슬프게도 회사를 오래 다니다 보니 이런 일에까지 요령이 생긴다. '인격모독 + 안하무인형'은 항변해 봐야 통화만 더 길어지니, 뇌를 빼고 오지선다 보기 중 하나를 골라 돌아가며 답을 한다. 네, 아니오, 무응답, 규정상 불가합니다, 죄송합니다. 어떠한 수모에도 같은 톤을 유지해야 한다. 흔들리는 순간 옳다구나 하고 달려든 피라냐에게 물어뜯길 테니.

또 일장연설에 나선 상대. 제 세금으로 월급 받으시는 거 아니세요? 너보다 내가 더 많이 낼 듯. 충분히 알리지 못한 것을 사죄하란다. 예이. 백만 스물세 번째 죄송합니다. 사과만 하시면 다예요? 이름이 뭐라고 하셨죠? 내 이름 3,000번쯤 말해준 것 같은데. 신문고? 인터넷? 내가 쓰지 말라면 안 쓸 거냐고. 그 말 아까도 했고 어제도 했고 그제도 했다고.

저 고약한 꽥꽥 소리가 입력되지 않게 수능 금지곡을 재생한다. 링딩동링딩동링디기딩디기딩딩. 유의사항. 저쪽도 녹음하고 있는 거 알지? 입 꾹 다물고 불러. 음성 유출 시에는 바로 9시 뉴스 각이야.

시큰둥한 척해 봐야 저 무차별 공격을 막아낼 수 있는 건 아니다. 어느새 잔뜩 튄 오물을 진탕 뒤집어쓴 나. 하지만 별 수 있나. 민원 대응 행동 요령을 아무리 뒤져봐도 나한테는 반박의 기회도, 도망칠 자격도 없는데. 무의미한 걸 알면서도 어떻게 해서든 괜찮은 척하고 싶다. 너 따위에 휘둘리는 나마저 혐오하게 될까봐.

최후의 보루로 전담 대응팀이라는 게 있다고 듣긴 했다만, 보나 마나 온갖 기준을 들먹이며 관여할 사안이 아니라고 하겠지. 그러나 그쪽으로 다짜고짜 화살을 돌리기도 힘든 것이, 거기 발령받은 죄로 끝판왕 빌런을 전담 마크하고 있을 직원들. 사지로 내몰린 그들이나 나나 같은 처지잖아. 내 민원을 막을 대안은 또 다른 인간 방패뿐이다. 우리를 위한 방공호는 어디에도 없다.

"하, 결정권도 없는 말단직원이랑 더 이상 시간 낭비하기 싫고요. 윗사람 바꿔주세요."

그러시든가. 어라? 뭐야. 팀장 어디 갔어. 아까까지는 있었는데! 꽁무니가 빠지도록 도망이라도 간 건가. '부적절한 민원이 발생한 경우 상사에게 도움을 요청할 수 있다.'

매뉴얼에 찍혀 있으면 무얼 하나. 그에 불응하는 상사나 악성 민원인이 제대로 처단받는 꼴을 본 적이 없는데.

면피성 행정의 온상. 악성 민원 대응법 책자를 펴자마자 조소가 터져 나왔다. 차라리 유머집이면 대놓고 웃기라도 할 텐데. 누가 봐도 생색내기용 서류 뭉치에 불과한 것이, 더 볼 것도 없이 이대로 파쇄기로 향하면 딱 좋겠더라고. 이딴 걸 만들라며 지시하고 컨펌한 윗놈들을 잡아다가 콜센터에 가둬놔야 하는데. 과연 한 달이나 버티시려나. 어디 자기들 시나리오대로 되는지 두고 보라지. 듣도 보도 못한 욕설과 부모에 대한 패드립을 일삼는 언어 폭력범에게 끝까지 정중한 태도를 유지하라니. 폭행 위기에도 침착하고 차분하게. 이러시면 안 된다고 경고하고, 녹화한다 경고하고, 법적 조치를 경고하란다. 그 경고가 안 먹히면? 생존을 위한 탈출조차 허락되지 않는 현실. 뼈가 시큰하게 저려온다. 아직도 제물이 될 희생양이 부족한 걸까. 하긴 시늉만 하는 탁상행정이 우리 공직자들 특기잖아. 그 대상에 나도 포함된 것뿐이야.

'그러고 살라고 누가 칼 들고 협박함?'

안 그래도 각박했던 세상에 누칼협이 등장했다. 신유행어의 도배 속에 우리의 고통은 랭킹을 위한 기삿거리로 소비될 뿐이다. 되풀이되는 비극에 밟힌 지렁이들이 꿈틀하고 불타올라도 결말은 늘 제자리걸음. 힘들면 그만두라고? 누가 그리될 줄 알고 안간힘을 다해 버텼겠는가. 묻지마 폭행을 당한 것도 서러운데 맞은 이를 탓하지는 말아줘. 이 직업을 택한 것이, 이런 것도 책임감이라고 짊어지고 살아온 게 죽을 만큼 잘못된 일은 아니잖아. 그리 한심해할 일은 아니잖아. 민원에 찢긴 마음이 다시 한번 무참히 짓밟힌다.

찰과상을 입은 듯 화끈거리다 못해 쓰라린 속. 거기에 뜨거운 음식까지 삼킬 자신이 없었다. 하지만 걱정스레 바라보는 후배들이 민망해 엘리베이터까지 기어코 끌려 나왔더라고.

"미안미안. 위에서 급히 찾으셔서. 다음에 전화 오면 바로 넘겨. 내가 아주 그냥 본때를 보여줘야지."

흥. 퍽이나. 도끼눈을 치켜뜨고 쏘아보려는데 근육에 힘이 안 들어간다. 부리나케 달려들어 쪼아댈 줄 알았던 내가 잠잠하자 배신자가 도리어 눈치를 보더군.

"괜찮으세요? 왜요? 뭐래요?"

그쪽이면 괜찮겠니? 본인들은 이게 위로인 줄 아는 모양이지만, 대충 덮어놓은 폭언을 들춰대는 질문이 반갑지 않다. 다시 떠올리기도, 내 입에 옮겨 담기도 싫다고. 이러지 그랬어, 저러지 그랬어 하는 아가리 파이터들의 훈수 따위 필요 없어. 자기들도 못하면서 입만 살아가지고 남의 속을 뒤집는다니까.

"저보고 하루 종일 거기서 노닥거리다 가시냐고. 세상 살기 편하겠대요."

"미친놈."

응? 평소 험한 말과는 담을 쌓은 듯싶던 부장님. 범생이 상사의 육두문자에 놀라 얼이 빠졌다.

"맞아요! 미친놈이네!"

어? 막내야? 넌 또 왜 그러니. 미친미친미친놈미친놈이다. 목에 핏대까지 세워가며 합창에 나선 동료들. 놈 아니고 년인데. 똑같이 당해라. 천벌 받아라. 폰 깨져라. 이어폰 한 짝만 잃어버려라. 유해한 듯 무해한 듯 악에 받친 랩소디에 웃음기가 아른거린다. 푸흐흐흐. 나 지금 웃을 기분 아닌데. 키히히히.

"잘했어. 논리로 비논리를 어떻게 이겨. 무서워서 피하냐? 더러워서 피하지."

용기를 내 털어놓은 자초지종에 배심원들이 판결을 내린다.

"지나가는 사람 아무나 붙들고 물어봐라. 누가 봐도 네가 정상이지."

땅땅. 재판 결과는 무죄. 그렇지? 그 인간 말처럼 나한테 하자가 있는 게 아닌 거지? 동료의 인정만으로 모욕감이 조금 녹아내린다. 그들의 어화둥둥을 구명조끼 삼아 또다시 수면 위로 동실 떠오른다. 혼자였다면 자괴감의 늪에 빠져 바닥까지 가라앉았겠지. 아까 고생할 땐 뭐하다가 뒤늦게 아는 척이냐 따지지 않는다. 나라고 동료의 민원에 앞장서서 달려든 적이 있던가. 흔들리는 음성이 신경 쓰여 일이 손에 안 잡혀도 잠자코 있었지. 나설 수도 없고, 나서고 싶지도 않았어. 통화를 마친 그를 대신해 비난을 퍼붓고, 나라도 너처럼 했을 거라며 정당화에 나섰다. 의리라기보다는 참회에 가까웠다. 내가 아니라 다행이라고 안도했던 찰나에 대한 고해성사랄까.

"불고기다! 과장님, 고기 좋아하시잖아요. 봐봐요. 오시길 잘했죠?"

내가? 그래. 그런 걸로 하자. 불고기를 밀어내고 주연을 차지한 조랭이떡. 생긴 것도 엉뚱한데 이름마저 조랭이래. 어이가 없어 웃음이 나네. 종일 죽상일 줄 알았던 얼굴이 이렇게 또 웃는구나.

오물오물. 망치가 내려치듯 욱신대던 두통이 쫄깃한 떡방아에 잘게 흩어진다. 그래도 악성 바이러스에 감염된 심장은 한동안 덜컥 내려앉곤 하겠지. 셀프 코너에 놓인 소금이라도 갖다 뿌려볼까. 아니면 밑져야 본전이라고 팀장님을 믿어봐야 하나. 불고기 부스러기를 쓸어 담으며 동료들이 들려주는 역대급 민원설을 듣는다. 그런 취급을 받으면서 용케 잘도 살아남았구나. 그들이 전하고 싶은 메시지는 결국 '그 또한 지나가리'겠지. 나나, 너나, 먹고 살기 참 힘들다.

내가 설마
널 굶길까

눈을 뜨니 푸근한 미색 천장이 보인다. 세월의 때로 염색된 벽지. 이 집에는 수맥 대신 잠맥이 흐르나. 어떻게 된 게 자도 자도 졸려. 이렇게 무방비 상태로 뻗어버린 걸 보니, 내 방이 없어져도, 내 것이던 옷장에 동생 옷만 가득해도, 이 본가는 여전히 내 집임이 틀림없구나.

옆방에서 나는 기침 소리에 잠을 설쳤다는 서울의 다세대 주택. 그곳이 부모님의 신혼집이었다. 힘들어도 좀만 버티면 아파트에 갈 수 있을 거야. 그런데 태생부터 성질이 급했던 나는 계획보다 빨리 찾아왔고, 직장에서 천덕꾸러기가 된 엄마는 권고사직을 당하게 되었다. 그것이 당연한 시대였다. 개인의 행복을 땔감 삼아 나라의 용광로를 불태우던 전체주의 시절.

죽었다 깨어나도 손 벌릴 곳 하나 없지만, 종잇장보다도 방음이 안 되는 집에서 앙앙 울어대는 아기를 키울 수는 없었다. 쌍끌이 끌어모은 대출을 이고 지고 향한 5층짜리 진흥 아파트. 엘리베이터도 없던 그곳이 나의 첫 집이었다. 지금은 재개발로 흔적조차 없어진 내 유년의 고향.

칠렐레팔렐레. 아무 근심 없이 쏘다니던 내게는 일생일대의 대평화 시기였는데, 마법 소녀에 넋이 나간 내 곁에서 꺼질 듯한 한숨이 들려왔다.

"왜 그래, 엄마, 우리 또 돈 없어?"

가계부를 정리하다 화들짝 놀란 아기 엄마가 싱긋 웃었다. 아니야. 우리 딸은 몰라도 돼. 너만은 몰라도 돼.

IMF였다. 손 빠른 새댁에게 짭짤하게 들어오던 부업은 뚝 끊겼고, 어마무시한 대출이자에 두 청춘의 웃음도 삭아버렸다. 하지만 몰랐다. 흉흉한 소식이 잇달아 도배되며 온 나라가 뒤집혔어도, 돌연 뉴스 시청 금지령을 통보받은 나는 아무것도 몰랐다. 그저 뜬금없이 늘어난 금지 목록이 치사스럽기만 했지. 그게 나를 위한 보호막이었음을, 세상물정을 조금이라도 늦게 깨닫기 바란 조마조마한 애정이었음을 전혀 알아차리지 못할 만큼 순진무구한 나날이었다. 오죽하면 딱지가 붙었다는 풍문을 듣고 부러워했을까. 그 딱지가 문방구 딱지가 아니라 서슬 퍼런 빨간 딱지였다는 걸 한참 후에야 알게 됐지. 다이애나 같던 단짝의 야반도주와 일련의 기억들이 퍼즐처럼 맞아떨어진 건, 보릿고개마저 추억으로 미화할 수 있게 된 경제 해빙기 무렵의 일이었다. 너, 내일 책상 빼버린다는 우스갯소리가 현실이 된 지옥도에서 그야말로 온실 속 화초로 자란 셈이지.

그 아담한 온실을 위해 아빠는 소가 되었다. 남부러울 것 없는 초호화 유리온실만큼은 못 해줘도, 알량한 비닐하우스라도 감쪽같이 지켜내고 싶었겠지. 그래야 그의 딸내미들만은 풍파를 모른 채 말랑하게 자랄 테니까.

같이 웃던 동료들이 눈앞에서 댕강댕강 잘려 나가는 도축장에서 꿋꿋이 자리를 지키고, 끝이 보이지 않는 까마득한 밭을 갈고 또 갈았다. 딸들까지 깜박 속을 정도로 무한 충성을 맹세하며, 조직을 위해 태어난 사람처럼 굴었다. 대규모 구조조정에서 생존한 자신을 배신자라 부르는 힐난에도, 부당함의 쓰나미가 몰아쳐도, 맨몸으로 재해와 맞선 아빠는 품속 어린 딸에게 늘 웃어 보였다. 자신은 가장이니까, 춥고 외롭고 괴로워도 나만 감내하면 그만이라며 아빠는 그렇게 낭만을 잊고 철인이 되어갔다. 그리 귀하게 키운 내가 그의 영혼을 팔아 번 수저를 당연히 여기며 자랄 줄은 모르고.

번쩍번쩍한 문패도 생기고 세입자 신세도 청산하고, 천하가 쭉 태평할 것 같았는데. 심신을 다 바친 그곳을 퇴직하던 날, 그의 품에 들려있던 건 공로상 트로피와 골판지 박스 하나가 전부였다. 망할 놈들. 니들이 아빠한테 어떻게

이래. 팔은 안으로 굽는다고 악의 축인 회사를 저주하다가도, 멋쩍게 배웅을 건네는 초라한 몰골에 욱하기가 일쑤였다.

'왜 저래, 진짜. 동네에 백수라고 자랑하나.'

집안 꼴이 이런데 공부가 되겠어? 그 핑계로 방황하던 눈에 누런 박스가 들어왔다. 깔끔쟁이 엄마라면 진작 소박을 놓았어야 마땅할 꼬질꼬질한 영예의 흔적. 왜 여태 모셔놨지? 귀한 거라도 들었나? 심심풀이 땅콩 삼아 열어본 판도라 상자에는 닳아버린 아빠의 젊음이 있었다.

솜털이 보송한 엄마와 코흘리개 자매가 사진기사였을 그를 향해 환히 웃는다. 그 사진 곁에 놓인 못난이 카네이션. 이걸 여태 갖고 있었다니. 선물한 나조차 잊고 있던 사랑이 고스란히 담겨있었다. 아빠 사랑해. 아빠 힘내. 얼마나 품고 있었는지, 삐뚤빼뚤한 러브레터들은 접힌 모서리가 죄다 닳아 테이프로 기워져 있었다. 그 빼곡한 손때가, 그 묵묵한 헌신에 뜨거운 눈물이 소나기처럼 쏟아져 내렸다. 아빠한테 이들은 어떤 의미였을까. 언제 왜 보고 있었던 걸까. 나는 그날 당연한 줄 알았던 풍요의 대가를 눈치챘다.

그 이후로 내 장래 희망은 평생직장이었다. 짧고 굵게보다 가늘고 길게 살자. 그러면 적어도 부모님이 내 걱정은 덜겠지. 한창 좋을 때 청춘만 쪽쪽 빨아먹히고 패대기쳐지지는 않겠지. 어렸다. 내가 안 잘리면 저 새끼도 안 잘린다는 것도, 고일 대로 고여서 썩어버린 줄도 모르고. 여자한테 최고라는 주입식 교육을 꿀떡같이 믿고 왔는데 그 떡이 상한 떡이었을 줄이야.

똑똑.

"먹고 자."

딸바보 아빠는 주 6일제에도 주말마다 밖으로 나섰는데, 우리를 끼고 앞뒤로 꽉꽉 막힌 교통체증에 시달리며 전국을 쏘다녔는데, 강철 체력이었던 그의 딸은 이리도 유약하다니. 완벽하게 세팅된 밥상에 뻔뻔한 낯짝으로 행차하는 철부지 상전. 투박한 아빠의 식탁에 신청메뉴였던 엄마표 된장찌개가 모락모락 존재감을 뽐낸다. 이상하게 집밥은 이런 게 먹고 싶더라고. 밖에서 아무리 사 먹어도 이 맛이 안 나.

"엄마는? 출근? 토요일인데?"

환갑이 넘어서도 맞벌이 신세인 부모님이 신경 쓰이지만 두 분의 건강에 감사할 뿐. 내 형편에 모두를 번듯하게 건사할 수는 없잖아. 이 나이에 많은 걸 이뤄냈던 그들과 달리 난 가끔 드리는 용돈으로 자식 도리를 퉁치는 게 고작이다. 저 연세가 되도록 당연하게 출근하는 부모에게 고마워해야 할지 미안해해야 할지. 보란 듯이 보답하고 싶었는데 뜻대로 되려면 얼마나 걸릴까. 뭐라 할 말이 없어 뻑뻑해진 목으로 뜨끈한 새 밥을 넘긴다.

"이거 열무김치 엄마가 했는데 기가 막혀. 거 두부도 너

온다고 엄마랑 시장 가서 사온 거고."

과묵하던 독수리가 언제 저렇게 쩍쩍이로 변해버린 걸까. 속으로 쿡쿡 웃는데, 툭. 오돌토돌 잡곡밥 위로 커다란 살코기가 올려진다.

"엥? 아빠, 이런 것도 할 줄 알아? 엄마가 이 꼴을 봤어야 하는데."

답지 않게 수줍어하던 그가 많이 먹으라며 말을 돌린다. 바싹 구워진 겉껍질에 속은 촉촉한, 과연 전문가가 구운 맛깔스런 고등어다.

"짜지도 않고 맛있네. 전에 하도 맛있다고 자랑해서 궁금했는데. 그럴만한 맛이야."

내 칭찬에 사라지는 작은 눈. 지난 방문 때, 동네에 실력 좋은 고등어 트럭이 생겼다는 소식을 들었다. 그때 농담 삼아, 내가 생선구이를 얼마나 좋아하는데 어떻게 날 빼놓고 먹을 수 있냐 투덜댔는데, 그는 그 푸념을 가슴 속에 품어둔 모양이었다. 이번 방문에 맞춰 갓 구운 고등어를 사온 걸 보니. 번듯하게 장성한 딸의 찡얼거림을 그렇게 진지하게 받아줄 일인가. 전형적인 베이비부머의 내리사랑이 오동통한 살코기에 간간하게 담겨있다. '사랑해' 대신 한 토막. '응원해' 대신 두 토막. 거기 깃든 속뜻을 알면서도 모른 체 꿀꺽한다. 가족끼리 민망하잖아. 머쓱할 때는 된장찌개도 호록. 푸하! 과연 내 영혼이 바라던 바로 그 맛이다.

"거 회사는 다닐만허냐?"

"왜 맨날 똑같은 걸 물어봐. 아빠가 그랬잖아. 남의 돈 받는 거치고 만만한 일 없다고."

"아니 뉴스에서 하도 난리길래. 너무 힘든 거 어거지로 다닐 필요 없어. 아빠 아직 팔팔해."

뭐래. 장기근속을 위한 고도의 계략일까. 저 얼토당토않은 다짐을 받아 들면 남몰래 품고 있던 사직서가 속절없이 찢겨 나갔다. 청개구리라서 그런가, 개굴. 든든한 뒷배도 생겼겠다, 갈가리 조각난 사표를 던지며 외쳤지. 까짓거 이 판사판 붙어보자고! 역시 프로직장인 출신이다 이건가.

"아빠, 그럼 안 되지. 요새 그만한 데 없다. 어떻게든 버티라 그래야지. 이상한 아빠네. 진짜."

자기는 그런 대접 받아본 적 없으면서. 열 손가락 깨물어 안 아픈 손가락인 끼인 자식. 그러나 그는 그 답 없는 짝사랑을 대물림하지 않았다. 애정 표현이 낯설었던 입에 사랑이 오르내리는 일은 드물었으나, 나를 향한 눈 속에는 쏟아질 듯 빼곡한 애정이 서려있었다. 본인은 감히 바라본 적도 없는 온전한 관심과 지원. 그 오롯한 눈빛이 있었기에 근거 없는 미움과 비난에 잡아먹히지 않았으리라. 나를 갉아먹는 애정에 빌빌대지 않고 살아남았으리라.

과연 나는 그에 부응하는 성과인가. 글로벌 기업 출신인 아부지와 대조되는 무명 커리어. 어쩌다 그런 자괴감이 엄습해 오면 '아빠!'를 외친다. 고등어처럼 푸르르던 리즈 시절은 갔지만, 여전히 우직하고 올곧은 눈빛. 그는 여전히 내 비빌 언덕이자 영원한 기둥일 것이다.

"왜?"

"아니야. 고등어 더 달라고."

공치사 한 번 할 줄 모르는 성실한 사랑을 넙죽 받아먹는다. 그렇게 그의 청춘을 먹고 자란 나는 또다시 청춘을 살아갈 힘을 얻는다.

3장

오늘은 누구랑 드셨어요?

나랑 돈가스 먹어주면
안 잡아먹지

서둘러 셀프바로 향했던 주임님. 그 뒷모습이 흐뭇한 걸 보니 세미 꼰대가 다 됐구나 싶네. 묵직한 엉덩이가 민망해져 황급히 수저를 놓고, 황송한 표정으로 받아 든 접시. 그 안에는 따끈한 크림수프가 들어있다. 담긴 비주얼만 봐도 맛이 자동 완성되는 기성품이긴 했지만. 와아! 너무 반갑더라고. 어디서는 푸대접 신세인 녀석이 가장 환대받는 곳이 있다면 바로 이곳일 것이다. 수프에 모닝빵이라니 경양식의 정석이잖아.

부모님은 경양식 레스토랑을 무척이나 좋아하셨다. 한창 공주놀이에 빠져있던 내가 그곳에 그냥 행차할 수는 없지. 화려한 원피스에 변신 귀걸이를 차고 왕리본 구두까지. 귀족 영애에 빙의하여 색 바랜 소파 위에 앉아 하얀 냅킨을 기품있게 펼치고 나면, 웨이터 아저씨가 나타나 빳빳한 종이 위에 은빛 커트러리를 놓아주었다. 나보다 오래된 그릇을 마주하고 나누는 대화는 아빠의 낡은 플레이리스트처럼 반복되었지만, 나는 내가 없던 시절의 러브스토리를 좋아했다. 전래동화처럼 이어지는 이야기의 끝에, 신데렐라 드레스를 입은 엄마는 행복한 결혼식을 올렸답니다. 나한테는 이게 바로 현대판 디즈니지.

여긴 갓 오픈한 식당 같은데 레트로 컨셉인가. 이왕이면 밥도 얇게 펴서 나오면 좋겠다. 후르츠칵테일까지 나오면 기절할 듯. 부질없는 생각이나 뭉게뭉게 피워가고 있는데 앞사람의 달그락거리는 소리가 정신을 깨운다. 이럴 때가 아니었지. 선배모드 ON.
"제가 먼저 점약 한번 잡자고 했어야 했는데."
"아니에요. 제가 과장님한테 도움을 많이 받아서."
나한테? 무슨 도움? 선배 대접용 인사치레겠지. 조심스럽게 대화를 주고받는 이분은 옆 부서 주임님이다. 지난주에 나란히 손을 씻고 있는데 대뜸 점약을 잡자는 거야. 내색은 안 했지만 깜짝 놀랐잖아. 얼핏 봐도 내성적인 스타일인데 아니었나. 같은 층에서 일한 지 1년이 넘어가지만 딱히 떠오르는 이벤트가 없었는데. 가끔 양치할 때 스몰토크 정도? 물론 아무한테나 덥석 말을 걸지는 않는다. 특히 후배님들은 치근덕거린다고 질색하는 애들도 많으니까. 이 쿼카 주임님은 인사도 잘하고 아는 척하면 생글생글 웃어주길래 내 빅데이터에 따라 경계를 해제했지. 후배들이 날 어려워하는 게 익숙해진 연차. 밥 한번 먹자는 소리가 흔쾌히 나오지 않던 참에 이 제안이 반가우면서도 그 의도가 궁금했었다. 뭐 천천히 먹다 보면 알겠지.

우아한 버터향에 무도회장으로 입장한 포크와 나이프가 왈츠를 춘다. 바삭함을 잃기 전, 큼직하게 썰어낸 돈가스부터 서둘러 머금는다. 오호라. 다행히 기대에 걸맞은 맛이군. 소스를 직접 만드시나 보네. 토실한 볼따구를 흡족하게 씰룩이자 내 눈치를 살피던 주임님 얼굴이 풀어진다.

"입에 맞으신 것 같아 다행이에요."

전형적인 소개팅 멘트. 말씀 편하게 하시라는 제안이 고맙지만 덥석 반말을 하기는 그렇잖아. 차차 지내다 보면 놓아진다며 민망함을 웃어넘긴다. 말이 없는 그를 따라 칼질에 열중하는데, 왜 나까지 뚝딱이게 되는 건지. 상사들이 왜 내 주말을 궁금해했는지 알 것 같다. 하지만 요즘에는 그마저도 프라이버시라 하시니 패스. 뒤적뒤적, 대화거리를 샅샅이 훑어도 소재 선정이 쉽지 않다. 그러다 우리 후배님 심기라도 거슬리면 어떡해. 요즘에는 차라리 상사가 편하다니까. 대놓고 버럭할 수도 있고, 어쩌다 보니 티키타카도 적당히 맞고. 선배가 되면 눈치 따위 보지 않을 줄 알았는데 후배에게 말 한마디 꺼내는 게 임원 보고보다 빡세다. 쳐다만 봐도 뭘 보냐며 전투태세를 갖추는 고슴도치가 있는가 하면, 누가 잡아먹기라도 하는지 스치기만 해도 오들오들 겁을 먹는 아르마딜로도 보이고. 극과 극만 있지 중간이 없다니까.

말을 해줘야 하나 곱씹다가 너무 꼰스럽나 싶고, 무시하자니 손톱 옆 거스러미처럼 거슬거린다. 상사도 내버려두는데 내가 뭐라고. 그렇게 미루고 미루다, 후배에 대해 쑥덕대는 소리가 파티션을 넘나드는 날. 내가 꼰대가 아니라는 공증이라도 받은 것처럼 용기가 차오른다. 모를 수도 있잖아. 결국 선배라는 알량한 감투를 집어들고 조언에 나설 때는 나 홀로 선서에 나선다.

회사에 정답은 없다. 싫은 티 내도 받아들이는 건 저 사람의 몫. 싫음 말고.

후배님이 안녕해 보이는 날 엄선한 스크립트로 대화를 건다. 이 간단한 말이 이렇게 어려울 일인가. 주절주절. 혹여 불필요한 상처라도 줄까 쿠션어가 질질 늘어진다. 세상 만사가 그렇듯 결과는 사람 바이 사람. 뭐 씹은 표정으로 '네'만 해도 양호하다. 에효. 그래. 그때 네가 내 속을 알 리가 없지. 나라고 안 그랬겠냐.

물론 떡잎부터 글러먹은 송충이는 매한테 씹어 먹히든 말든 건드리지 않는다. 부모도 안 가르친 개념을 누가 알려줄 수 있겠어. 선배 도리? 그거 지킨다고 회사가 돈을 주나 승진을 시켜주나. 그리고 도리는 나만 지켜? 인간관계는 기브 앤 테이크야. 민폐라는 경고에도 본인은 여태 이렇게 살아왔으니 남들이 맞추라는 부류. 얘네는 보통 남 탓이 기본 옵션이므로, 대화는 되도록 증거가 남는 곳에서만 나누고 사회적 거리두기를 유지한다. 혹여 상담할 만한 상사가 있다면 그나마 다행. 뒤늦게 독박을 쓰고 내 꼴만 눅눅해질 수는 없으니, 송충이의 만행을 넌지시 흘려둔다. 물론 그랬다가 선배 노릇도 네 역할이라는 망발을 들을 때도 있지. 그러는 당신은 왜 직원 관리를 등한시하시죠? 앞뒤 논리가 전혀 안 맞는데요? 스펙타클한 사건들을 겪고 나니 자꾸 후배들 간을 본다. 치사해도 어쩌나. 전에 데인 곳이 아직도 쓰라린 걸. 그래도 적어도 텃세는 안 부려. 그거면 평타는 친 거 아니야?

그나저나 너는 날 왜 보자고 한 걸까. 할 말 있냐고 먼저 물어볼까? 아니야. 독촉했다 도망갈라. 괜스레 밥 위에 뿌려진 후리카케를 헤집는데 혀끝이 말라온다. 한 움큼 집어먹은 샐러드에 촉촉하게 스며드는 싱그러움. 키위 드레싱과 얇게 썰린 양배추의 궁합이 좋네. 소스가 스며들어 녹진해진 돈가스도 냠냠. 구석구석 절여진 맛이 밥을 부른다. 그 옆에 올망졸망 모여있는 마카로니 사라다는 이따 마무리로 먹어줘야지. 그때 드디어 고대하던 목소리가 들려온다.

"죄송해요. 저 사실 동기 말고 먼저 점심 같이 먹자고 요청한 게 처음이라서."

그런 영광스러운 자리였다니. 귀여움을 참지 못한 내

가 빵 터지자 수줍어진 주임님이 아까 썰었던 돈가스와 미소를 동시에 쪼갠다. 저러다 다 으깨지겠네. 배시시 벌어진 입꼬리에 말문이 트인다. 그렇게 해결된 수수께끼는 흡사 난센스 퀴즈처럼 의외의 포인트에서 시작되었다.

"저 입사한 지 얼마 안 됐을 때 복합기 앞에서 거의 울 뻔했거든요."

사실 지금 보면 별것도 아니고 그쪽 대리님한테 여쭤봤어도 뭐라 안 하셨을 것 같은데, 그때는 이상하게 막 한심해 보이고 실망하실까 봐 너무 무서웠단다. 그래서 동기들이랑 네이버를 막 찾아봐도 답은 안 나오고. 그런데 그때 내가 짠 하고 나타나서 먼저 말을 걸더라는 거지.

"그러면서 저한테 모르는 건 물어봐야 빨리 는다고 하셨는데 그때 너무 감사했어요."

내가? 말투는 내가 맞는 것 같은데, 기억장치 속 폴더를 까뒤집어 탈탈 털어보아도 유사 기억 한 톨 나오지를 않는다. 얼떨떨한 나와 달리 개운해진 얼굴의 주임님. 그 뒤로 나랑 친해지고 싶어서 부지런히 아는 척을 했다나. 어우, 귀여워. 동물의 숲에서 캐릭터랑 호감도 쌓는 것도 아니고.

"덕분에 이런 곳도 알게 되고 좋네요. 저 옛날에 이런 수프 나오는 가게 엄청 좋아했거든요"

"저도요! 근데 나중에 패밀리 레스토랑이 생기면서 많이 사라진 것 같아요."

동시대인이라면 고개를 끄덕일 추억까지 더해지자 주

고받는 대화에 흥이 담긴다. 맞다, 어렸을 때부터 돈가스는 좋은 날 포상으로 먹는 음식이었지. 그래서 엄마가 직접 돈가스를 튀겨주는 날에는, 1층까지 마중 나온 그 냄새를 기가 막히게 알아차리고 신나게 달려가곤 했다. 또 어떤 경사가 나를 반겨줄까 기대하면서. 역시 오늘도 날 배신하지 않는구나, 돈가스야. 그나저나 선배질은 자제하자고 다짐하더니 동네방네 오지랖을 뿌리고 다녔구나. 그래도 그중 하나가 무럭무럭 자라 이런 인연이 생겼으니, 이번만은 상으로 돈가스를 수여할게.

주꾸미같이
오글거려

 어쩜 이리 안 맞을까. 중간에서 쩔쩔매던 점원은 이제 우리를 놓으셨는지 빙그레 웃고만 계신다. 이런 애랑 평생을 같이 살아왔다니 믿을 수가 없어. 이러니 훈수를 안 둘 수가 있냐고.
 "대체 그걸 신고 지옥철을 어떻게 타겠다는 건데. 색깔은 또 그게 뭐야. 너 어디 관종 페스티벌 나가? 회사는 편한 게 최고라니까! 저거 어때. 촌스러워? 너 클래식 몰라? 베스트셀러란 딱지 안 보여?"
 "내가 신는 거잖아! 그럼 내 맘이지!"
 어쭈. 내돈내산이니까 내 맘도 있거든?
 "야야. 됐고. 그냥 그거 두 개 다 해. 대신 생일 선물까지 퉁치는 거야. 알았어?"
 "엥? 징짜? 나 사달라눈고 아니였눈뎀. 히히. 고마웡. 잘

신을게. 웅니."

혀 똑바로 안 해? 만날 집에서 애기라고 부르니까 자기가 진짜 애기인 줄 아나. 기겁하는 날 보고도 개의치 않는 동생. 그녀가 내게 팔짱을 끼며 대롱대롱 매달린다. 아, 무거워. 네가 문어냐고. 자기만 두고 가지 말라고 붙잡던 그 빨판은 여전하네.

엄마와 아빠 사이에서 나올 수 있는 유전자 조합 중, 양 끝단으로 뽑힌 게 틀림없는 자매. 부모가 인정할 만큼 둘은 매사가 반대였다. 남다른 운동신경으로 만나는 강사마다 운동선수 제의를 받던 동생과, 몇 달째 초보반에서 울고불고하던 나. 각각 한쪽 부모만 찍어낸 듯 닮은 우리를 외모만으로 연결 짓는 이들은 흔하지 않았다. 성격이야 말할 것도 없지. 아마 남으로 만났다면 접점조차 없었으리라. 적도 동료도 아닌 완벽한 타인으로 살았겠지. 하루 종일 미친 듯이 싸워도 한사코 동침을 고집하는 이상한 애들. 덕분에 지켜보는 양친 속만 시커멓게 태워 먹었지.

"근데 언니, 이거 구두 왜 사주는 거야?"

"좋은 신발 신으면 좋은 곳에 간대. 면접 전에 미리 길 좀 들여놔. 발 다 까진다."

동생 발에 신겨있는 운동화가 가족처럼 낯익다. 몸에 가시가 있는지 뻑 하면 고장을 내고 잃어버리던 더펄이. 그런 주제에 내가 준 물건은 애지중지 오래도 들고 다닌다.

진작 저랬으면 물건 험히 쓴다고 혼나지는 않았을 것을. 가방도 내가 물려준 거 아닌가. 그냥 새로 사줄걸.

"아니 자꾸 나한테 돈을 쓰니까 그러지. 고맙긴 한데, 언니도 힘들게 번 돈이잖아."

얼씨구. 알면 갚든가. 속 깊은 척하고 자빠졌네. 네 방 청소나 똑바로 할 것이지. 엄마가 전화할 때마다 네 잔소리를 얼마나 하는지 아니? 직접 말하라니까 그러면 싫어한대. 그럼 그걸 나한테 하는 이유가 뭐야. 네가 어떻게 좀 해보라던 상사랑 다를 게 하나 없다. 그리고 동생한테는 내 욕을 하겠지. 너네 언니는 어쩜 전화 한 번을 먼저 안 한다니. 흥. 안 봐도 뻔해.

팍! 푸드 코트에서 버섯 솥밥을 가리키자 내 팔을 내던지는 동생.

"엥? 너 버섯 안 좋아해? 왜? 언제부터?"

"나 유치원 다닐 때 버섯전골 먹고 체한 이후로 손도 안 대거든? 언니가 그것도 몰라?"

그랬나. 역시 넌 너무 어려워. 그럼 네가 고르던가. 휘황찬란한 미식들을 전부 지나친 손가락이 주꾸미 덮밥을 향한다. 여기 괜찮은 식당 많은데 굳이?

"몰라. 그냥 매운 게 땡겨."

모르긴 뭘 몰라. 너 원래 스트레스 받으면 매운 거 먹잖아. 남친이랑 싸웠을 때도, 호르몬이 미쳐 날뛸 때도, 동생은 맵찔이인 나는 냄새도 못 맡는 극강의 매운맛에 발을 들여놓았다. 나랑 부모님은 차력쇼를 보듯 그녀의 먹방 라이브를 지켜보았지. 저러다 위에 구멍이라도 뚫리는 거 아닌가 걱정하면서.

"뭐야. 센 척하더니. 쫄?"

내 놀림에도 반항 없이 삐죽거리기만 하는 동생. 첫 면접이라니. 겁먹지 않으면 이상할 일이지만, 친언니가 틀림없는 나는 응원 대신 빈정대기 바쁘다.

"쟤가 집에서나 막둥이처럼 구는 거지. 잘 다닐 거야. 우리 딸들 똑똑하잖아."

부모님도 믿는다는데 그를 지켜보는 내 마음이 왜 이리 조마조마할까. 반짝반짝 빛날 너의 미래에 내 멋대로 if 조건문을 걸게 된다. 그렇지만, 혹시나, 설마. 그 걱정을 허심탄회하게 털어놓으면 좋을 텐데. 시정잡배도 아니면서 왜 자꾸 시비를 걸게 되는 걸까. 밖에서는 죄송하다, 감사하다 잘만 살랑거리면서, 가족 앞에만 오면 왜 이리 뻣뻣하게 구는 걸까. 말 안 해도 아는 사이라고 오글거린다는 핑계로 미루지 말지. 알면서도 듣고 싶은 말도 있는 법이잖아.

귀염둥이 로봇 직원이 배달해 준 반상을 받아 든다. 놋그릇에 담긴 순한맛 주꾸미. 부탁하지 않았는데 알아서 양보해 준 동생 덕분에 화장실에서 시달릴 일은 없겠어. 다른 집 동생들은 못돼 처먹었다는데 너는 누굴 닮아 이리도 상냥할까. 그래서 걱정이다. 조직은 너의 배려심을 착취할 것이다. 무심한 내게도 날카로웠던 현실을 네가 평생 몰랐으면 좋겠어.

"쫄 필요 없어. 면접장에 있는 사람들, 어차피 떨어지면 다 그냥 아저씨일 뿐이야. 그리고 너 거기 가서 지금처럼 주변 다 품어주려고 애쓸 필요 없어. 어차피 될놈될. 좋아할 놈은 좋아하고 싫어할 사람은 싫어해. 또라이들은 그런 거 고마워하지도 않고 이용만 한다고."

"아, 언니. 나도 알아. 언니나 나 애기로 보지. 교수님들이 나만 보면 똑부러진다고 그랬어."

그러다 똑 부러질까봐 이러는 거 아니야. 비등비등한 꼴뚜기 무리에서 센 척해 봐야 주꾸미지. 사회에는 문어도 있고 대왕오징어도 있어. 숏다리로 덤벼봐야 한입 컷이라고. 먼저 태어났다는 이유로 당당하게 던지는 라떼 타령. 꼬우면 네가 먼저 태어나든가. 눈치 볼 필요도 없으니 후덕한 훈계를 줄줄 늘어놓으며 슥슥 밥을 비빈다. 현관에서 듣게 되는 부모님의 잔소리 같은 거야. 귀에 못이 박일 정도로 해준 말인 걸 알지만. 어쩌면 적어도 내가 밟은 지뢰는 피할 수 있지 않을까 싶어서 연거푸 일러주게 되는 거지. 결국 너도 네 몫의 핵폭탄을 맛보고 나서야 그만큼 자랄 테지만. 그게 세상의 섭리라 할지라도 너만은 무사히 피했으면 싶어서.

잔소리가 너무 매웠나. 혀가 얼얼하네. 그래도 함께 비빈 콩나물이 아삭하고, 무생채도 달큼한 게 텁텁함이 가신다.

"아쉽다. 주꾸미는 철판에 지글지글 볶아 먹어야 제맛이잖아. 나중에 밥도 볶아 먹고."

"옛날에 먹자골목 말하는 거지? 거기 망한 지가 언젠데."

우리 사이에는 추억 링크가 있다. 꼭 블루투스처럼 실시간으로 공유되는 기억. 그래서 자매의 대화에는 공백이 가득하지만, 생략된 흐름을 잡아내는 데 무리가 없다. 그래서 우리는 구멍 난 양말같이 내놓을 수 없는 고민에 서로를 찾는다. 번거로운 튜토리얼 없이 매끄럽게 이어지는 스토리 진행. 무언의 여유가 주는 위안. 물론 팩폭을 날릴 때도 있지. 오랜 세월 서로의 날것에 당해와서일까. 아무리 멋들어진 껍데기를 꾸며 써도, 내 눈에는 네 알맹이가 훤히 비쳐 보였다. 네가 외면하고 싶은 속살까지도 말이야.

그래서 자꾸 선물을 건네게 돼. 슬며시 담아 보낸 속뜻을 너는 알아줄 것 같아서. 예전부터 유난히 무심했던 성질머리를, 고작 3년 더 산 걸로 유세이던 횡포를 후회해. 내게 그럴 권리가 없다는 걸 너무 늦게 깨달아 미안해. 하지만 아둔한 자존심은 여전해서, 네게 직접 사과를 전하는 대신 돈으로 퉁치는 거야. 비겁한 생색이랄까.

"넌 잘 지낼 거야. 나 같은 언니도 견뎠는데 그보다 더한 악마 만나기는 쉽지 않을걸."

하나만 해. 채찍질을 하든가 애틋하든가. 아주 지킬 앤 하이드가 따로 없네.

"언니가 왜. 어디가 어때서. 이렇게 구두도 사주고 밥도 사주고. 애들이 나 다 부러워해."

진심이냐 따져 물을 용기는 없다. 어쨌든 나처럼 이상하게 심통 부리는 것들 막 참아주지 마. 습관 돼. 차라리 이 주꾸미처럼 먹물을 확 뿌려버려. 알았어? 누가 괴롭히면 나한테 이르고. 그래도 내가 낙지 정도는 되니까 뭐라도 낫겠지. 그러니까 혼자 앓지 말고 꼭 말해. 다 들어줄게. 알았냐고.

철밥통도 버려야
철밥통이지

신선함을 과시하듯 위풍당당한 수조가 시선을 붙든다. 타고난 물멍 중독자라 어항이라면 사족을 못 쓰거든. 저들의 운명을 알기에 조금 걸쩍지근하긴 하지만, 생선도 물고기니 어항 맞지 뭐.

고요한 수면보다는 잔잔히 찰랑이는 물결이 좋고, 그 저변에 어우러져 흐느적대는 존재까지 함께한다면 더할 나위 없이 좋다. 꼬맹이 때는 종일 금붕어만 바라봐서 걱정을 살 만큼, 커서는 질풍노도의 역경마다 욕조를 찾는 바람에 엄마와 수도요금 전쟁을 벌였지.

최고의 힐링 스팟은 단연코 바다다. 인파가 드문 곳을 골라 튜브와 함께 동실 떠 있으면, 내 전용 무인도에 도착한 듯한 착각이 든다. 메트로놈을 닮은 파도 소리. 그에 따라 닿는 간질간질한 물결. 나직하게 스며드는 안정감에 어느새 근심 스위치가 내려간다. 혹시 최면에 걸린 게 아닐까 싶게 홀가분했더랬지.

하지만 그런 호사가 자주 오지는 않는다. 가위라도 눌린 듯, 가뜩이나 흥건한 부정이 잔뜩 끼얹어진 날. 그럴 때는 어떻게든 침대를 벗어나 머리 위로 물부터 끼얹는다. 우울은 수용성이라잖아. 그러니 현대인에게 샤워만 한 씻김굿이 없지. 정신 차리라고 다그치는 냉수마찰 말고, 향긋한 샴푸로 나를 다독인다. 괜찮아질 거야. 버블버블한 바디워시에 뽀득뽀득 씻겨 다 사라질 거야.

그런데 이상하게 아쿠아리움에 대한 애정에는 점점 녹조가 끼더라고. 허구라도 좋은 완벽한 낙원. '사람 팔자보다 낫네.' 멋대로 타종의 운명을 재단하고 유흥을 즐기는 사이, 하이라이트인 돌고래를 마주하게 된다. 늘적늘저억. 유영이라기에는 지독히 무력한 동작과, 허공을 부유하는 텅 빈 눈. 순전히 시간을 때우기 위해 수조를 왕복하는 모습이 나의 평일을 닮았다. 정말 지독하리만치 똑같아서 껄끄러운 자화상처럼.

바다에서 태어나 자유를 맛보았을 유년. 그랬던 너는 이 갑갑한 곳에 갇혀 밥값을 해내야 하는 운명을 알고 있었을까. 여기 붙어있는 설명에 따르면 넌 지능이 높고 온순해서 훈련이 잘 된대. 정말일까? 빼앗긴 자유를 단념한 태도를 유순하다 착각하는 게 아닐까? 어느덧 회사에 순응했다는 평을 듣는 나처럼.

"불쌍하다. 다 죽고 혼자 남았나 봐. 전에 풀어준다고 했던 것 같은데."

불쾌한 기시감을 숨기려고 같잖은 연민을 내세운다.

"하지만 이미 야생성이 없잖아. 저 망망대해에 나가면 잡아먹히거나 굶어 죽을걸? 죽는 것보단 감금이 낫지 않아? 여기 정도면 복지도 잘 챙겨주겠지."

그런가. 안타깝다는 명분으로 돌아서지만, 그 감정의 대상이 누구인지 혼란스럽다.

"저 왔어요."

물소리를 지나 창호문을 열자 사색이 멈춘다. 동시에 컴백한 직장인 자아가 그럴듯한 미소를 선보이지. 마치 쇼에 나선 돌고래처럼 말이야. 날 환영하는 이들 앞에서 행복한 듯 박수를 치고, 진심으로 신이 난 듯 날뛰어대고, 결국은 나만의 공간에서 허무에 잠식되는 하루. 그날들이 쌓여 언제는 죽지 못해 산다 싶다가도, 그래도 이만하면 살만 하지를 되풀이한다. 그나마 위로가 되는 건 주위의 팔자도 마찬가지라는 거? 끼리끼리 있다 보면 적어도 이게 실패한 삶은 아니라고 믿게 되잖아.

"어서 와!"

상석에 앉은 희끗한 사내가 나를 반긴다. 아마 오늘이 그와의 마지막 점심이겠지. 그래서 마련한 특별석이었다. 몇 년 전 동료였던 이들끼리 조촐한 환송식을 준비하기로 했거든. 그래도 점심으로는 살짝 부담스러운 일식당이지만, 이럴 때 아니면 언제 오겠어.

20대인 내게 정년이란 태양의 종말만큼이나 까마득한 예언이었다. 그도 그럴 게 내가 살아온 날보다 더 긴 세월이 지나야 오는 디데이였거든. 그런데 매년 뜨는 정년퇴직자 명단 속에 아는 이름이 하나둘 늘어가는 거야. '저 양반이 벌써 그렇게 됐다고?' 싶던 중에 문득 느껴지는 격세지감. 그랬구나. 폭주 기관차처럼 달리는 이곳의 종점이 칙칙폭폭 다가오고 있구나.

"정년 퇴임식에 가족들도 오세요? 과장님한테 아드님 얘기 많이 들었는데 드디어 보겠네요."

"에이. 여기까지 뭐하러 와. 내가 뭐 거창하게 물러나는 것도 아니고. 보기 민망하잖아."

왜요. 정년까지 버티기가 어디 쉽나? 그렇게 말하면서도 기름졌던 회 맛이 느껴지질 않는다. 5년 전에도 퇴직 예정자 취급을 받던 그는 팀 내의 허드렛일들을 도맡고 있었다. 내일모레 은퇴할 사람을 위한 배려 아닌 배려. 업무분장 초반엔 좀 민망하기도 하고 언짢기도 했는데. 그래도 본인 몫이 아닌 공에 대해 탐을 내거나 샘을 내지도 않으시니, 말미잘과 니모처럼 상호공생으로 이루어진 평화로운 팀워크였다. 그게 그가 택한 생존 방식이었을지, 억지로 떠먹힌 포지션인지는 모르겠지만.

"걱정 마세요. 저희가 갈게요."

그래도 점심은 먹어야겠지

우리의 맹세에 바쁜데 괜한 짓 말라며 손사래를 치는 그. 마지막 인사를 위해 몇 번의 정년 퇴임식을 참석했었다. 그날따라 직급순으로 나열된 명단과 자리 배치가 어찌나 냉담하던지. 업적에 따른 차등 대우가 당연한 곳이지만 좀 그렇더라고. 실장이 아니어도, 만년과장이라는 조롱 섞인 닉네임이 따라붙어도, 이 회사에서 보낸 청춘을 부정할 수는 없다. 그가 실장만큼 훌륭한 직원이었냐고 묻는다면 나 또한 즉답을 피하겠지만. 본인에게는 평생을 바쳐온 엔딩이잖아. 그 가족들 앞에서까지 정어리 신세를 되새겨 줄 필요가 있을까.

과연 나는 저 중 어느 자리에 앉아 끝을 맞이하게 될까. 아니지, 저기 앉을 수는 있을까를 걱정해야지. 정년까지 버텨야 저런 푸대접이라도 받는 거라고. 그 전에 물러나면 국물도 없어. 사직서까지 고민한 세월이 허무할 정도로 깔끔하고 빠르게 처리되겠지. 애초에 구성원이긴 했는지 긴가민가한 존재로, 쥐도 새도 모르게 사라지리라.

"자자. 오늘의 메인 이벤트! 소박하지만 저희 마음이에요. 탈출 축하드려요."

혀에 닿자마자 크림처럼 녹아내리는 연어를 급히 삼키고 박수를 보내려는데. 가만. 이게 축하할 일이 맞는 건가? 멈칫하다 대세를 따른다. 추… 축하드려요오! 와아아아! 짝짝짝.

"다들 고마워. 이런 변변찮은 놈도 선배랍시고 챙겨주고. 나야 고속도로 한번 못 타본 국도 신세라 본받을 처지는 못 되지만. 쪼대로 살아. 남들 가는 대로 우르르 몰려다니지 말고. 각자 길에서 즐길 거 즐기며 살자. 그게 바로 각자도생이여."

'너도 저 꼴 나고 싶어?'에서 '저 꼴'의 대표주자로 낙인찍힌 그에게도 크고 작은 생채기가 있었을 것이다. 그 수모와 냉대에 갇히지 않고 쾌활하게 버텨온 건 꿋꿋하게 챙긴 딴짓 덕분이려나. 취미에 봉사활동까지 퇴근 후 일정이 더 빼곡해서 송별회도 점심으로 준비했거든. 워라밸이 태동하기 전부터 그는 부지런히 자신만의 경로를 탐구하며 살아온 듯 보였다. 안티들은 직장에서 멸시받은 한을 푸는 객기쯤으로 여기고 땡땡이라 비꼬았지만 난 멋있더라고. 여기니까 가능한 삶일지라도, 저 나이에 자신만의 풍류를 품고 사는 어른은 전설의 4대 돔 급으로 드물다. 자웅을 겨루는 대어들과 되는대로 흘러가는 멸치떼들. 그 사이를 유유자적 누비는 그가 낯설고도 신기했다. 그리고 남몰래 진주처럼 반짝이는 희망을 품었다. 저렇게 살 수도 있구나. 새로운 유형의 가이드북이랄까.

"덕분에 여기서 잘 놀다 간다. 나야 알아서 살 테니 걱정 말고. 너네는 나처럼 빌빌대지 말고 람보르기니처럼 떵떵대고 잘 나갈 거야. 그렇게 되면 잊지 말고 한 턱 쏴라!"

고별식이 끝나고 그와 처음으로 악수를 나누었다. 분명 일전에 본 적 없는 파안대소를 짓고 계신데 왜 눈을 마주칠 수 없는 걸까. 그래도 저리 웃고 계시니 다행인 거라 믿는다. 그의 라스트 댄스만은 쇼가 아니면 좋겠어서.

방생을 앞두고 해파리처럼 표류하는 고래들이 허다하다. 떠나는 순간까지 거들먹거리며 자신의 건재함을 뽐내던 이는 총기를 잃은 채 회사 후배들 근처를 서성거리고, 어떤 이는 자기처럼 살지 말라며 회한의 눈물을 쏟아내기도 했다. 한때는 조직의 비전이 제 것인 양 호령하던 양반들이었는데, 그 후기들이 어찌나 당혹스럽던지.

매가리 없이 자기 순서만 기다리는 횟감들. 과연 나는 어떤 퇴직을 맞이하게 될까. 떠나는 나를 보고 진정으로 슬퍼하는 이가 하나라도 있다면 성공한 경력이 아닐까. 현실 때문에 홀가분하지는 못해도 낙망하지는 않기를. 떠나야 할 때는 알고 각오할 수 있기를. 남은 정년을 계산하며 부질없는 다짐을 다져본다. 아무리 다져도 날카로울 세꼬시 같은 앞날을.

영원한
밥친구는 없어

뭘 했다고 벌써 점심이야. 큰일이다. 맛집은 속도전이거든. 한정된 제한 시간. 그 안에 괜찮은 식당을 선점하려면 사무실을 박차고 나서는 순간부터 치밀한 계획이 필요하다고. 인근 맛집들의 예약 전쟁은 진작 마감됐겠지. 하지만 그렇다고 자포자기하기는 이르다. 허둥대지 말고 침착하게 일단 메뉴부터 정해보자고. 그런데 어머나. 이미 1시간 전에 정해져 있었지 뭐야.

'바빠 보여서 우리끼리 정함. 할매분식 떡튀순. 거절은 수신거부. ATM에서 만나.'

완벽한 지령이군. 이래서 동기가 최고인가 보다. 남들에게는 무례여도 우리끼리는 프리패스니까.

쏟아지는 폭격 속에서 든든히 버텨준 전우들. 덕분에 크고 작은 지뢰들에 걸릴 때마다 그 손을 잡고 무사히 헤쳐 나왔다. 처음 만났을 때는 모나미룩 외에 어떠한 공통점도 없었는데, 주기적으로 먹어줘야 하는 떡볶이처럼 어느덧 존재만으로 응원이 되는 사이가 되었더라고. 동병상련의 정이 고추장보다 진할 줄이야. 너 없는 나를 상상할 수 없는 중독성은 또 어떻고.

"꼬르르륵. 꾸르륵."

누가 들은 건 아니겠지? 긴장이 풀렸는지 부교감신경이 패악질을 부린다. 하긴 아까부터 있던 신호를 무시한 건 나니까 할 말 없다. 화장실 한번 다녀오기가 이렇게 어렵다니까. 아무리 먹고 사는 게 중하다지만 진짜 별걸 다 참고 산다. 이러니 사무직 직업병 순위에 신장질환이 있는 거겠지. 근데 지금 나서면 식사하러 일찍 나간다고 오해할 텐데, 왜 하필 오늘따라 아무도 안 일어난담. 눈치 게임 시작!

"저 화장실 좀."

상대는 원치 않겠지만 목적지를 소상히 밝힌다. 어차피 여기서 나가기만 하면 내가 복귀할 거라는 기대는 아무도 안 할 거야. 하필 그 순간.

'또로롱! 또로롱!'

큰맘 먹고 일어났건만 전화라니. 쯧. 안 급하기만 해봐라.

"저기 난데. 혹시 오늘 점약 있니? 나 갑자기 약속이 파투 나서."

회사에는 통화 시 지켜야 하는 공식 인사말이 있다. '감사합니다'로 시작해서 소속과 이름으로 이어지는 멘트. 해마다 의무로 이루어지는 친절도 교육에서는, 이 문구가 혀에 각인될 때까지 직원들을 세뇌한다. 하나도 안 감사한 민원전화에도 툭 하고 튀어나올 지경으로. 게다가 '난데'는 금기어란 말이지. 자아도취에 취한 몇몇 윗사람들은 자기 목소리만 들어도 전 직원이 다 알아들을 줄 알거든. 중증도의 자뻑 신드롬이라 할 수 있지. 그들에게 질린 직원들이 그 멘트를 진상 감별용으로 쓸 정도야. 하지만 지금은 예외다. 목소리를 듣자마자 그를 알아챈 귀가 살랑였거든. '동기 언니다!'

가끔 저렇게 청천벽력으로 유기되는 사람들이 발생하지. 실수로 중복 약속을 잡았다거나 불가항력인 존재에게 붙잡혀 가거나. 어찌 되었든 긴급 상황이라 다급하게 구조대를 찾아 나선 모양이다.

"언니, 오늘 먹을 복 좀 있는데? 나 지금 동기들끼리 떡볶이 먹으러 가거든. 언니도 올래?"

"진짜? 잘됐다. 나도 끼워줘. 근데 누구누구 오는지 물어봐도 돼?"

"쭈언니랑 쩡이. 쭈언니 이번에 복직했잖아. 지금 1층 ATM으로 와."

"..."

응? 뭐지? 고장인가? 뜬금없는 정적의 원인이 나일 줄은 상상도 못했다. 언니?

그래도 점심은 먹어야겠지

"어… 미안. 너희끼리 먹어. 음… 나는 저기랑 알아서 먹을게. 미안! 맛있게 먹어!"

뚝! 엥? 뭐지? 줄거리가 왜 이렇게 흘러가? 벙찐 반응에 주위의 관심이 집중된다. 무슨 일이냐는 질문에 아니라고 답했지만 실은 되묻고 싶었다. 혹시 제가 방금 말실수라도 하던가요? 이 언니 왜 이러는지 아시는 분?

"누가 보면 너 혼자 회사 일 다 하는 줄 알겠어. 나 오랜만에 보는데 이러기야?"

"쏘리쏘리. 근데 나 정말 발바닥에 땀 차도록 뛰어다녔어. 이러다 발가락 양말을 신게 생겼다니까."

"나돈데. 그니까 꼬마김밥도 시켜도 돼? 분식집에서 1인 1메뉴는 예의가 아니잖아. 사장님!"

마그마처럼 부글대는 떡볶이 위로 종이 빌지를 건넨다. 키오스크가 아닌 게 오히려 신박하네. 하긴 분식은 레트로 감성이잖아. 범벅 말고 따로 주세요.

분식계에도 부먹찍먹이 있다. 난 탕수육은 부먹인데 분식은 찍먹이야. 여기서 떡볶이는 중요한 정거장이라고 할 수 있지. 순대도, 튀김도, 여기서 파는 모든 메뉴는 이 맵싹한 소스를 찍어줘야 궁극의 맛을 낼 수 있거든. 한데 섞어 버리면 새빨간 떡볶이 맛에 묻혀 다른 맛이 실종되어 버리는 게 영 아쉽더라고. 바삭한 튀김도 흐리멍텅해지고 말이야. 물론 풀리지 않는 매듭처럼 엉켜버린 상황에서는 어떤 떡볶이든 무조건 옳다.

쫄깃한 떡방아를 찧느라 분주한 입속에서 호기심이 데 굴거린다. 그 언니랑 무슨 일 있었나? 됐어. 셜록 홈즈도 아니고 진상을 파악해서 뭐 하게. 가만 두면 어련히 가라앉을 뾰루지에 섣불리 손대봐야 흉만 커진다고. 해결은커녕 그들 사이 간극만 더 벌어질지도 모르지.

한 아이가 나고 자라 학교에 입학할 만큼의 세월. 강산도 변할 시간이긴 하다만, 어쩌다 마주친 동기들의 단체 사진이 합성처럼 어색하더라고. 내가 이 흡혈귀랑 어깨동무까지 하고 웃고 떠들 때가 있었다니. 자기 필요할 때만 동기동기 하다가 쌩깔 줄은 몰랐지. 일로 틀어지고, 승진으로 벌어지고, 사사로운 개인사까지 더해지니 남보다 못한 사이가 늘어간다. 안 보고 살 수 없는 진상 친척 같은 인간들. 그런 놈들 때문에라도 떡볶이를 끊을 수가 없다니까.

그래도 기승전 내 편을 들어주는 떡튀순들도 있지. 이래서 떡볶이는 싱글 플레이도 좋지만, 다 같이 모여 빽적지근하게 먹어주는 맛이 있다. 튀김도 고민 없이 잔뜩 시킬 수 있고, 도란도란한 맛도 더해지고. 사회 초년기부터 이어온 동반자들과 여전한 넋두리를 즐기다가도 자꾸만 잡생각이 끼어든다. 얼마 전까지 그 언니도 저기 앉아 있었는데. 쓸쓸하고 헛헛할 때는 어묵 국물이 최고지. 어흐 좋다.

나 또한 유사한 흉터가 쓰라리기에 동기의 행보에 관심이 쏠리는 걸까. 환상의 콤비를 자랑하던 떡볶이 멤버들. 학교가 끝나면 급식 따위 먹은 적도 없다는 듯 당연하게 분식집으로 향하던 친구도 있었고, 대학 때는 즉석 떡볶이를 볶아 먹으며 썸남 고민을 털어놓기도 했어. 스티커 사진을 찍을 때마다 '우리 우정 포에버'를 맹세하던 우리였는데. 그들 중 여전히 나와 떡볶이를 함께 먹는 이는 다섯 손가락을 채울까 말까다.

자연스럽게 멀어진 인연은 뽀얀 추억으로라도 남지. 어쩌다 떠오르면 아쉽고 시리기도 하지만, 그때 참 좋았더랬지 하고 웃으며 지나칠 수라도 있잖아. 그런데 살다 보면 꼭 손절이라는 교통사고를 당하곤 한다. 100% 과실이 없어서일까. 주체가 나든 너든, 원인이 타당하든 말든, 그저 흉으로 남게 되는 관계.

얼마 전에도 그런 만남이 있었다. 간만에 찾은 추억의 맛과 달리 너에게서는 예전의 살뜰함이 느껴지지 않았다. 곳곳에서 느껴지는 새로운 네가 낯설어져 자꾸만 과거를 들먹였어. 그 시절 덕에 깔깔거리면서도 나는 우리가 더욱더 소원해질 것이라는 확신이 들었다. 너는 내가 그리던 네가 아니었다. 어쩌면 내가 변했는지도 모르지만. 덩달아 오염된 추억에 탄식이 흘러나올 뿐이야.

난 그때의 네가 정말 좋았는데. 잘잘못의 문제였다면 차라리 쉬웠을까. 붙잡아 봐야 생채기만 날 걸 알면서도 놓질 못했다. 넌 이미 그 사람이 아니지만, 나만 놓으면 끝날 사이지만, 순간 스쳐 가는 옛 모습이 여전히 미련맞게 좋아서 매달렸다. 네가 나한테 어떤 존재였는데 그럴 리가 없잖아. 하지만 정녕 저버리고 싶지 않았던 것은 그때 내가 바친 진심이었는지도 모르지.

그러다 '시절인연'을 만났다. 모든 인연에는 때가 있으니 이미 시든 인연에 지나치게 연연하지 말라는 건가. 어쨌든 나만 겪는 일이 아니니 이런 격언까지 있는 거겠지. 그 단어가 주는 위로의 맛을 여러 번 곱씹었다. 서로 속한 세상이 바뀐 것뿐이야. 각자의 초점이 틀어져 우리의 언어까지 달라져 버린 것뿐이야. 그제서야 나를 놓은 원망이 가시고 너를 놓을 용기가 생겼다.

동시에 지금의 인연에 새삼 감사하게 되었다. 지난 미련 때문에 미래에 후회를 더해서는 안 되겠지. 그러니 오늘의 인연에 집중하자. 곁에만 있어도 즐거운 이 조합을 놓치기 전에 오늘의 떡튀순을 흠뻑 즐겨줘야지.

김밥이라도 사다 줄까?

"그렇게 힘들면 들어가 쉬든가."

저 말의 핵심은 어디에 있는 걸까. 정말 진짜로 '그렇게' 힘드냐는 비아냥일까, '들어가 쉬라'는 배려일까. 대꾸도 없이 꼼짝 않고 엎어져 있는 등판을 보니 나만 알쏭달쏭한 건 아닌가 보다.

'괜찮아요?'

메신저를 보내도 기별이 없길래 직접 자리까지 행차에 나섰지. 그랬더니 오우, 누가 봐도 중환자의 얼굴이었다. 안 되겠네. '처방은 의사에게, 조제는 약사에게'가 상식이지만 이대로 방치할 수는 없잖아.

"어디가 아픈데요. 말을 해줘야 도와주지."

일부러 소곤소곤 속삭였건만 조용한 사무실이 쩌렁쩌렁 울리는 듯해.

"혹시 그거? 아아, 맞구나. 내가 끝내주게 좋은 거 있는데. 어디 한번 드려봐?"

약장수로 나선 내 서랍 칸에는 미니 약국이 차려져 있다. 파스, 찜질팩, 소화제, 진통제, 감기약. 없는 거 빼고 다 있으니 골라요 골라 아무거나 골라. 웬만한 일반의약품에 영양제까지 없는 게 없다고. 몸이 말썽일 때마다 짬짬이 모셔놓은 것이, 어느덧 서랍 하나를 다 채울 정도라니. 굳이 MRI까지 찍어볼 필요도 없이 전신이 종합병원이다. 온몸의 세포 하나하나가 멀쩡한 구석이 없어.

결국 점심을 포기하고 휴식을 택한 대리님.

"우리 식사 다녀오는 길에 뭐 사다 줄까요? 괜찮기는. 빈속에 약 먹으면 안 좋아요. 빨리 골라. 김밥? 샌드위치?"

그의 선택은 김밥. 그러니까 얘도 참 이상하지. 왜 주인은 계획도 없는데 혼자 집 짓고 부시고 화내고 난리냐고. 보건휴가를 악용한다는 기사가 끊이지를 않던데. 왜 내 주위에는 저렇게 아득바득 견디는 이들뿐일까. 이런 성향도 끼리끼리 사이언스 뭐 그런 건가.

김밥 얘기 하니까 나도 먹고 싶다. 유혹에 넘어온 팀원과 향한 김밥집.

"이젠 하다 하다 김밥 한 줄이 5천 원이 넘네."

여기 올 때마다 루틴처럼 내뱉는 푸념을 전채 삼아 주문을 시작한다. 세상에는 정말 많은 김밥이 있다. 돌돌 말

그래도 점심은 먹어야겠지

린 겉모습은 똑같지만 속재료가 제각각이거나, 충무김밥이나 삼각김밥처럼 모양부터가 남다른 녀석도 있지. 金치로 격상한 시금치 대신 들어간 부추, 당근, 단무지, 계란, 햄이 들어간 기본 김밥에 참치, 치즈 같은 클래식부터 새우튀김이나 돈가스 같은 화려한 라인업도 가능해. 가성비 타이틀은 박탈당했어도, 먹기 간편한데 영양까지 알찬 가히 완전식품이라 할 수 있지. 특히나 바쁜 현대인에게는 제격이야.

오밀조밀 놓여있는 김밥 하나를 집어 든다. 그 속에 담긴 아기자기한 생김새가 오색찬란하네. 한입에 들어갈까? 괜한 걱정. 막상 넣어보면 거뜬히 들어갈걸? 누가 볼까 민망스럽기는 해도 한데 어우러진 이 맛을 놓을 수는 없지. 하지만 이 꼬다리는 딱 봐도 무리겠지? 하는 수 없다는 듯 맛있는 순서대로 재료들을 한 줄 한 줄 쏙쏙 빼먹는다. 엄마 옆에서 훔쳐 먹던 그 맛. 우리 가여운 환자한테는 무슨 김밥이 좋을까 고민하다, 나름 고급 메뉴인 불고기 김밥을 선택했다. 든든하게 먹고 싹 나으면 좋겠네. 그러면 한 줄은 좀 부족하겠지?

몇 년 전 일평생 최악의 감기에 걸린 적이 있다. 딱딱딱딱. 전기매트를 틀고 이불까지 돌돌 말아도 입에서 캐스터네츠 소리가 나는 거야. 왜 이렇게 춥지? 온몸이 떨리고 관절 마디마디가 저려오는 게, 내가 알던 몸살과는 차원이 다른 근육통이 몰려왔다. 왜 하필 주말에 아프고 난리람. 살겠다고 타이레놀을 급히 집어먹고 기절하듯 잠들었는데. 눈을 떠보니 온몸을 넘어 침구가 푹 젖도록 땀범벅이 된 거야. 집에 체온계가 있을 리 만무했으나, 예사 체온이 아니라는 걸 직감할 수 있었지. 의식을 차렸다 잃었다, 끼니를 차릴 정신도 없이 이틀이 갔어. 중간에 이러다 진짜 졸도하는 거 아닌가 싶었지만 119나 응급실은 좀 그렇더라고. 그래도 이런 기우가 드는 걸 보면 덜 아픈 게 아닐까 생각했는데, 월요일이 되자 고개를 일으키는 것마저 어지러워 버틸 수가 없었다. 결국 출근 시간에 임박해서 연차를 냈지.

"영 못 나오겠어? 쯧. 왜 하필 이렇게 바쁠 때 아파서는. 암튼 알았어."

슬쩍 서러웠지만, 돌발상황으로 인한 양해에 감사해야겠지. 그러나 가까스로 기어간 의원에서 비싼 링거도 맞고 최선을 다했건만, 39도를 오르내리는 고열이 도무지 잡히지 않았다. 결국 다음 날도 막바지까지 고민하다 어쩔 수 없이 폰을 들었어. 아까운 연차보다도 결근 통보에 따른 상사의 반응이 두려워서.

"그래서 지금 감기로 이틀이나 쉬겠다 이거지? 알아서 해. 난 몰라."

오한 때문인지 목소리가 염소처럼 덜덜 떨렸다. 이해까지는 바라지 않았어. 당시 부서는 매일 아침 직원들에게 그날의 물량이 분배되는 곳이었다. 처리 기한은 당일까지. 마감을 못 지키면 부서 성과가 깎인다. 그 말인즉 내가 출근을 안 하면 누군가가 내 일감을 대신 처리해야 한다는 뜻이었다. 그러니 팀장의 반응도 무리는 아니지. 우리 팀의 처지를 생각하면 침대 위가 가시방석 같았지만, 앉기만 해도 어지러운데 출근은커녕 일을 어떻게 해. 아픈 것도 환장하겠는데 주위 반응까지 떠올리면 미칠 노릇이지. 이렇게 대형 민폐를 끼치다니 팀원들 얼굴을 어떻게 보나. 아마 이번 일로 먹게 된 욕 때문에 명부에 적힌 내 수명이 1년쯤은 늘어났으리라. 유병장수가 목전에 있네.

사흘째. 열은 여전히 38.5도에서 오르락내리락. 디스코 팡팡을 탄 듯 온 우주가 휘청거렸다. 하지만 이젠 진짜 나가야 해. 힘이 없어 바닥에 눕다시피 씻고 출근길에 처음으로 택시를 탔다. 미련하지. 알아. 근데 어떡해. 내 일을 누가 대신하고 있는 걸 뻔히 알잖아. 뻔뻔 유전자가 있다면 내 염색체에는 그 부분이 결손된 게 틀림없었다. 개근상 워너비였던 근성이 문제인지, 부모님께 받은 공감 능력이 문제인지. 난 그들의 처지를 외면할 수가 없더라고.

"저기요. 손님. 회사가 아니라 응급실로 가셔야 할 것 같은데?"

뒷좌석에 드러누운 나를 보고 걱정하시는 기사님. 아니에요. 가야 해요. 이러다 큰일 나더라도 회사에서 쓰러져야 해요. 모두가 지켜보는 앞에서 쓰러져야 해요. 나의 아픔이 어쩔 수 없음을 증명해도 넘어가 줄까 말까라고요.

삐이이이이. 구급차의 사이렌을 닮은 이명이 점점 커지고, 어찌저찌 사무실에 입장하는 다리가 후들거렸다. 여긴 직장이다. 고의든 피치 못할 사정이든, 내 불찰로 피해를 주었으면 그에 따른 화살도 겸허히 수용해야지. 하지만 슬라임처럼 흘러내리는 삭신을 질척대며 눈을 흐렸다. 안 그래도 피폐한 육신에, 나를 바라보는 힐난을 또렷이 마주할 여력이 없어서.

"아니, 대리님. 이건 아니지. 상태가 이 지경인데 나오면 어떡해. 팀장님이 얘보고 나오라고 하셨어요? 일이야 어떻게든 되는 거고. 지금 일이 중요해요? 애 꼴이 이런데? 사람들이 우리보고 뭐라 하겠어요?"

내 편을 들어주신 건 감사하지만 과장님의 샤우팅에 골이 울렸다. 그 소란 때문인지 내 행색 때문인지, 두 눈이 휘둥그레진 팀원들이 앞다투어 달려왔지. 그들을 향해 나도 모르게 사죄가 덜컥 튀어나왔다. 죄송해요. 정말 죄송해요. 다들 저 때문에 고생하셨죠. 갑자기 아파서 죄송해요. 아파서 죄송해요. 내 사과에 한숨을 쉰 그들은 질책 대신 아이템을 내어주었다. 회사에서 절대 울지 않으리라 다짐했는데. 일사불란하게 레모나와 쌍화탕을 건네는 그들 때문에, 내 이마를 쓸어보며 아직 뜨끈하다는 성화에, 굳게 잠가왔던 수도꼭지가 또르르 돌아갔다. 열이 나서 탈수 증상이 있었으니 망정이지, 하마터면 주사 맞은 아이처럼 목 놓아 울 뻔했어. 사경을 헤매며 혼수 상태로 딸깍대던 그날의 업무도, 비몽사몽한 설움도 다 잊었지만, 고소한 참기름 냄새만큼은 또렷이 기억한다. 휴게실에서 한숨 자고 돌아온 나를 기다리던 김밥 두 줄. 은박지에 돌돌 말려있던 동료애를.

그 이후로도 아픈 것도 서러운데 쉬지도 못하던 날. 또는 너무 바빠 끼니조차 챙기기 힘들었던 날. 그 처지에 낙심하던 내게 어김없이 들려오는 속삭임이 있었다.

"제가 김밥이라도 사다 드릴까요?"

그들의 권유를 항상 덥석 받아들인 건 아니었지만, 그 말은 일종의 시그널이었다. 내 밥 한 끼를 걱정하는 사람이 있구나. 나의 안녕을 바라는 존재가 곁에 있었구나. 무형의 그것은 만병통치약이라도 되는 듯이 격렬했던 통증의 기세를 꺾었고, 울컥대며 차오르던 신물을 눌러주었다.

한결 개운해진 얼굴로 돌아온 환자에게 김밥을 흔들며 환대를 보낸다. 다행히 고새 잘 잤는지 좀 사람 같아 보이네. 어서 드세요. 뭐든 먹어야 낫지. 입맛 없어도 내 성의가 갸륵하니 드셔주세요. 은혜요? 갚고 싶으면 다음에 누구 아플 때 챙겨주시든지요.

터진 만두 수선법

　요새야 겉만 번지르르하고 새로운 게 없다는 악담을 달고 살지만, 스티브 잡스의 프레젠테이션을 손꼽아 기다릴 때가 있었다. 신문물에 어둑한 나까지 콩닥거리게 만들던 신기능들. 롤리롤리롤리팝의 컬러폰에 설레던 게 엊그제 같은데 폰으로 별걸 다 하는구나. 개인적으로 그중 최고봉은 DMB였지. 언제 어디서든 TV를 볼 수 있다니! 별천지가 따로 없잖아.

　나 때는 말이야. 폰에도 안테나가 달려있었다 이 말이야. 썸남이랑 같이 무한도전을 보겠다고 이어폰도 한 쪽씩 다정하게 나눠 끼고, 그 작은 화면을 빌미 삼아 찰싹 붙어 보기도 했지. 콩닥콩닥. 엥? 실내라서 그런가? 왜 안 나와! 나와! 네가 나와야 더 붙어있지. 휘릭휘릭. 안테나를 요리도 돌려보고 조리도 돌려봐도 지직지직. 통화도 마찬가지였다. 안테나를 올려도 보고 꺾어도 보고, 그래도 안 되면 몸을 일으켜서 최적의 위치를 찾아다녀야 했다. 됐다! 아무리 자세가 불편해도 주파수 한 칸이 아쉬웠지. 그래서 다들 화성인처럼 귓가에 뾰족한 안테나를 세우고 돌아다녔다니까. 하다 하다 차에까지 라디오용 안테나가 달려있었지.

기술의 발전으로 눈에 보이는 안테나는 사라졌지만, 나는 여전히 머리 위로 투명 안테나를 쭈뼛거리며 산다. 오늘따라 지직대는 주변인의 주파수를 향해 요리조리 기웃대기도 하고, 잡음으로 가득한 상사 말을 어떻게든 알아듣겠다고 용을 쓰기도 하지. 애꿎은 내 안테나를 높이 치켜세워도 보고 납작 낮춰도 보고. 전파 칸이 차오르길 빌며 온 신경을 바짝 곤두세운다. 척 하면 척, 별 다른 노력 없이 척척 맞춰지면 좋으련만. 기껏 맞춰졌다고 안심하기는 이르다. 잘 지내고 있는 둘 사이에 지방방송이 끼어들지를 않나, 맞는 듯싶으면 어느새 초점이 슬쩍 빗나가 있기도 하지. 왜 이래. 우리 좋았잖아. 영문도 모른 채 어긋난 주파수. 간신히 채워놓은 전파 칸이 매정하리만치 투두둑 깜깜해진다. 안절부절. 전자기기 다루듯 그를 내려칠 수는 없으니 답답해진 내 가슴만 내려친다. 지금 저기서 옥신각신하는 두 사람도 그런 거 아니겠어?

둘이 합선이라도 됐나 왜 저런대. 파티션에 가려진 원탁을 향해 쫑긋 솟는 안테나. 팀원 중 유일한 청일점인 그는 명실공히 팀장의 듬직한 오른팔이거든. 다른 팀원이 샘낼 정도로 편애 아닌 편애를 받던 그가 팀장을 들이받다니. 아까 보고가 잘 안 풀렸나? 하긴 저러다 담배 한 대 피우고 오면 다시 호형호제할 거야. 부럽냐고? 글쎄. 결국은 다 등가교환이다. 저 대접이 부러우면 나도 그만큼 접대에 나서야겠지. 근데 난 싫어. 아부 안 하고 편파 판정 안 받을래.

그런데 상황이 점점 심상치 않게 흘러간다. 고음 대결이라도 펼치는지 급격히 상승하던 데시벨이 귀가 아찔할 정도로 정점을 찍더니, 기어코 쩌렁쩌렁한 고성이 울려 퍼지고야 말았어.

"이 새끼가 진짜! 까라면 까는 거지. 너도 내가 우스워?!"

내가 지금 뭘 들은 거지? 새끼? 삼시세끼할 때 '세끼' 말고 '새끼' 맞지? 이 새끼 저 새끼 할 때 그 '새끼.' 나나 다른 팀원한테는 반말을 하시기는 해도 저딴 식으로 말씀하신 적은 없었는데. 우락부락한 외형만큼 투박한 언행을 일삼기는 해도, 경우를 모를 정도로 거친 분은 아니라고 믿었거늘. 욕설이라 해도 과언이 아닌 속어의 등판에 직원들의 안테나가 경보를 알린다.

이제는 어엿한 연중행사가 된 황사 시즌이라 그런가. 모래를 하도 삼키다 보니 다들 혀에 까칠한 사포라도 깔렸나 봐. 그게 아니라면 어디선가 불어닥친 모래 돌풍에 무던하던 기지국 사이에 이상전파라도 생성된 걸까. 자리를 파한 두 얼굴이 붉으락푸르락 도깨비를 닮았다. 예상치 못한 이벤트에 놀란 나와 팀원들이 눈맞춤을 교환하는데, 비상! 비상! 우리 팀 주변을 인공위성처럼 맴돌던 구경꾼들의 안테나가 일제히 집중되는 게 느껴진다. 방공 레이더도 아니고 뭐 이리 벌떼같이 몰려들고 난리야. 무슨 일이냐고? 낸들 아나. 너무 무관심해 보이기도 그렇고, 아는 척 나서기도 그렇고, 쏟아지는 문의에 답을 썼다 지웠다 엔터를 망설이는데, 깜박깜박 또 다른 채팅이 온다.

'두 분 무슨 일 있으셨어요?'

옆 부서 팀장님까지 이 판에 끼어드네. 나만 바쁘냐. 구경났어? 하여튼 이놈의 회사 인간들. 인심은 코딱지만 하면서 오지랖은 태평양이야.

원래 너무 가깝게 지내며 신호를 주고받다 보면 전파 교란이라도 터지는 건지, 저들처럼 일순간 스파크가 튈 때가 있다. 평소 같으면 흘려보낼 소리가 유난스레 꽂히는 날 있잖아. 아까 팀장님 말끝에 달려있던 '너도'도 영 거슬리는 게, 다른 원인으로 쌓인 감정이 전파를 방해해서 송수신 오류가 발생했는지도 몰라. 쉬운 말로 화풀이라고도 하지.

점심시간, 평소 같으면 벌써부터 팀장님을 챙겼을 대리님이 잠잠하다.

"안 가냐?"

누구를 향한 질문인지. 뻘쭘하게 내던진 팀장님의 캐치볼이 허공으로 툭 떨어진다. 주워도 없고, 아까 들은 소리가 있는데 누가 받아주겠어. 나 또한 그를 향했던 안테나를 급히 거둔다. 가재는 게 편이라고. 내가 지금 저 인간 신경 쓸 때야? 지나가는 척 희생양을 스캔하는데 그 포스에 깜짝 놀랐다니까. 저 사람이 내가 알던 동료와 동일 인물이라니. 산 만한 덩치로 어깨까지 씩씩거리는 게 어디 무서워서 말 걸겠나. 화 안 내던 사람이 화내면 더 무섭다는 게 참이였구나. 늘 부처님 관상이던 그가 절에서 본 사천왕이 되었다. 말수는 적지만 워낙 수더분한 스타일이라 다른 팀원들에 비해 안테나를 세울 일이 없었거든. 나보다 사회생활도 오래 했고, 자타공인 팀장님의 원픽이기도 한데 내가 챙길 일이 뭐가 있겠어. 알아서 잘 살겠거니 하고 거들떠보지 않았지. 그래도 오늘만큼은 선배 구실을 좀 해야 하려나.

"식사… 안 가세요?"

주변의 전파가 사라지자마자 먹통이 된 그에게 재부팅을 시도한다. 아무리 서먹해도 그렇지, 우리끼리 약속 있다고 생하니 두고 가긴 그렇잖아. 그간 너무 한쪽 편만 챙기는 거 아니냐고 알게 모르게 그를 견제하던 팀원들이었는데, 그들도 슬그머니 가세하는 걸 보니 서로 일말의 정이 들긴 들었나 보다. 하지만 이쪽도 섭섭할 만했어. 둘이 담배 한 대 피우고 온다고 나가면 한세월이지를 않나, 거기서 나눈 오프 더 레코드가 공식 업무에 영향을 주지 않나.

그런데 솔직히 이 구성이 나쁘기만 한 건 아니었다. 그가 논개처럼 몸소 나서 팀장을 집중 케어해준 덕분에 일손을 많이 덜었거든. 점심을 챙긴다거나 하는 사사로운 시중들도 몸빵해주고, 팀장과 직원 사이에 이견의 불꽃이 튈 때 뒤에서 은근히 구슬려준 전적도 몇 번 있었다. 우리 사이의 앙금이 전혀 없다고는 할 수 없다만, 그간 누린 편의가 있으니 그 공은 알아줘야겠지.

그나저나 이 돌쇠 같은 양반을 무슨 수로 일으키나. 안테나를 기웃대다 떠오른 대화가 있었으니,

"아! 만두 드실래요?"

일전에 들었던 그의 만두 부심이 떠올라 대충 찍어본 거였는데 이리 덥석 받을 줄이야.

"갈비 만두요?"

나의 권유에 그의 안테나가 번쩍 곤두선다. 월척이다! 잘 먹는 사람이 성격도 좋다는 유언비어가 있다더니, 먹는 거 참 좋아하시는구나. 하긴 저 체격이 괜히 유지되는 게 아니겠지.

몽실몽실 피어나는 증기에 별안간 터져 나간 옆구리도 괜찮아졌는지, 바짝 날 서있던 인상이 흐들흐들 온화해진다.

"저 때문에 시끄러우셨죠."

"아니에요. 멀어서 안 들렸어요."

먹히지도 않을 공갈로 물음표를 숨긴다. 겉으로 보이는 만두피만 보고 그 맛을 알 수 없듯이 앙꼬와 찐빵 사이에 무슨 사연인지는 알 수 없으나, 편들어줄 자신 없으면 덮어두는 게 낫겠더라고. 사적으로 주파수 한번 맞춰본 적 없는 동료 사이지만 나름 한 팀이잖아. 한 찜기에서 푹푹 쪄진 이 만두들처럼, 같은 주파수에 시달리는 자들끼리 통하는 연민이려나. 나 또한 호되게 겪어본 유사 시련에 절로 공감이 간다. 뜨거운 김에 시달린 과거가 분한지 한참이 지나도 모락모락 티를 내는 만두들. 얇은 피에 들어찬 소가 속속들이 비치는 게 사람보다 낫네. 솔직해서 좋아. 그 안에 품고 있는 뜨거움이 보기만 해도 훤한걸. 후아후아. 입천장 조심.

너무 빡빡하지도 헐렁하지도 않은 공기 반 속 반 만두가 옹기종기. 수제작인 탓에 생김새는 달라도, 터진 놈도, 잘난 놈도, 못난 놈도 그 맛은 똑같다. 우리가 겪어온 맛이 비슷비슷하게 씁쓸한 것처럼. 우걱우걱. 그는 우악스럽게 밀려 들어가는 만두와 함께 무얼 삼키고 있을까. 그것이 무엇이든 부디 미끄덩하고 매끄럽게 넘어가면 좋겠다. 너까지 그러면 어쩌냐며 무조건 굽혀서 맞추라거나 품으라고 닦달하지 않을 테니, 꼭꼭 씹어서 무사히 소화시키면 좋겠어. 그렇게 잠시 한 김 식히고 나면 둘 사이만 통하던 와이파이가 스리슬쩍 고쳐져 있을지도 모르잖아.

진짜 질리지도 않냐

"야, 나 진짜 그만둬야 할까 봐."

또 시작이네. 그러거나 말거나 수북이 쌓인 대파를 옮겨 담는다. 소복소보옥소보오옥. 내용물이 다 덮여 사라지도록 연거푸 올라가는 파. 어떤 이는 그게 파국이지 설렁탕이냐며 나를 놀렸다. 흥! 왜 이러셔! 원래 국물요리에는 파가 많으면 많을수록 맛있다고. 파다익선 몰라? 깜찍한 소면도 뽀얀 국물 위로 다이빙. 미리 삶아져 대기하는 동안 끈끈해진 면발들이 밀가루 시절로 돌아가 다시 하나가 되려 한다. 휘휘. 누구 맘대로 들러붙어! 헤어져! 파국이다, 파국!

"야, 내 말 들었냐고. 나 그만두고 싶다니까."

"그만두긴 뭘 그만둬. 허구한 날 쓸데없는 소리 그만하고 밥이나 떠. 국 식는다."

"아니라고! 나 이번엔 진짜 심각하다고! 너는 동기가 그만둔다는데 밥이 넘어가냐?"

"아, 그래서 사표 낼 거냐고! 안 낼 거잖아! 이번에 이사하면서 마통도 새로 팠다며!"

예전에 철마다 감기를 달고 살던 나에게 어떤 어른이 말씀하셨다. 잔병치레가 많은 사람이 장수한다고. 그래서인지 사직서를 입에 달고 다니는 이 중에 진짜로 그만두는 꼴을 못 봤다. 마치 뼥 하면 헤어지자는 연인처럼 퇴사 메들리를 달고 사는 퇴사 꿈나무. 울적한 겉모습에 쉽사리 속아 넘어가서는 안 된다. 양치기 소년의 후손이 분명한 그들은 누구보다 은근하고 진득하게 살아남으니까. 꼭 이 앙상한 파뿌리처럼 징하단 말이지. 이런 경험이 몇 년째 누적되자 그들의 퇴사송이 스팸메일처럼 느껴진다. 으악, 짜증 나! 안물안궁이라고!

처음에는 진짜인 줄 알고 가슴이 철렁했지. 우울해하는 그를 붙들고 술도 먹고 넋두리도 들어주고 열과 성을 다했어. 그런데 이제는 저 오프닝만 들어도 진절머리가 난다. 내가 너무 잘 받아주나 싶어서 팩트 폭격도 날려보고 했는데, 서운해하는 것도 잠깐이지 금방 돌아와.

"워워. 쟤 저러는 거 하루이틀이냐. 대충 넘겨들어."

상대를 씹을 수는 없으니 묵직한 김치를 으적거린다. 연애 상담도 아니고 지겹지도 않나. 저러고 찡찡댈 때는 언

그래도 점심은 먹어야겠지

제고 좀 있으면 이만한 데 없다면서 충성을 맹세한다니까. 말해봐야 자기 꼴리는 대로 할 거면서 왜 물어보는 거야!

"왜 버럭해! 힘들겠다고 해주면 되지. 누가 대단한 거 해달래?"

얼씨구. 매일같이 반복되는 퇴사랩에 폭풍 같은 디스랩을 쏟아낸다.

"내가 만날 때마다 그만둔다고 하는 거 그만하라 그랬지. 나나 되니까 이 정도로 들어주지, 남 같으면 학을 뗐어. 특히 후배들 앞에서 제발 스탑. 언니도 그런 선배 맨날 욕했던 거 기억 안 나?"

"야, 내가 뭘 맨날 이래. 그리고 원래 옆에서 누가 퇴사하면 싱숭생숭한 거 몰라? 섭섭하긴."

바로 뒤따라오는 디펜스. 쇼미더머니를 방불케 하는 랩 배틀이 오간다. 프리스타일이라고 우기기에는 엉망진창인 라임. 그래도 비트에 맞춰 호응하는 설렁탕 사운드는 일품이야. '호우' 대신 후루룩! 공개 저격과 날것이 난무하는 사이퍼가 이어진다. 미우니 고우니 하면서도 끈질기게 붙어다니는 게 애증도 이런 애증이 없어. 회사가 그토록 꿈꾸던 패밀리가 이런 건가. 하지만 좋아하긴 일러. 가족은 무슨. 회사 넌 언제나 저스트 '족' 같지. 뿌이뿌이뿌이!

"저번에는 어디 시골 가서 파이어족으로 산다며!"

사사건건 딴지를 걸면서 내 앞에 놓인 김치를 살포시 밀어준다.

"됐어. 나 팔 닿거든!"

아웅다웅. 사골처럼 우려먹는 우리만의 놀이. 얼마나 많이 치고받았는지 상대의 다음 수까지 뻔히 보이는 게, 남들이 보면 만담으로 오해할 정도야. 숟가락으로 한가득 끌어올린 소면을 그대로 들이켠다. 설렁설렁 넘어가는 사골국물. 슴슴한 게 맛까지 설렁설렁하네. 공백을 맞이하여 뒤숭숭할 속에 이만한 맛이 없겠지.

"그래서 걔는 왜 그만둔데? 아직 수습해제 잉크도 안 말랐겠구먼."

"몰라, 저번 주까지만 해도 사수한테 일언반구도 없었대. 근데 난데없이 팀장이랑 면담을 하더니 사직하기로 했다는 거야. 그런데 아무리 괘씸해도 그렇지, 팀장이고 부장이고 잡지를 않더라. 이제 좀 키워놓으니까 저러는 게 싹수가 노래 보이나. 그래도 신입인데 너무하지 않냐?"

너 아니어도 일할 사람 많다는 배짱인가. 될놈될처럼 그만둘 놈은 어차피 그만둔다고 생각할 수도 있고. 어찌 되었든 그리 각박한 곳이라 인생은 실전이라는 말이 있는 거 아니겠어?

나도 그런 뜬금없는 퇴사자를 본 적이 있다. 납득할 만한 뚜렷한 이유도 없이 돌연 사표를 던진 후배.

"여태 잘해오다 난데없이 왜 이래. 너 나중에 후회한다."

하지만 이미 모든 경우의 수를 꿰뚫고 있다는 듯, 후배는 뜯어말리는 나를 향해 태연한 인사만 건넸지. 결국 어떠한 회유와 유인책에도 미동조차 하지 않았지. 그가 회사를 떠나는 데 걸린 시간은 고작 2주에 불과했다. 원래 팬이 안티로 돌아서면 더 무섭다더니 회사도 그런가. 평소 퇴사에 티끌조차 입에 담지 않던 이들일수록 단호하기 그지없더라고. 그 굳건한 심지 앞에 흔들리는 건, 역으로 나를 비롯한 잔류자들뿐이었다.

가깝던 동료가 퇴사하면 그 자리에 태풍의 눈이 생긴다. 정작 퇴사 예정자는 내면의 평화를 되찾고 유해지는 반면, 그 주위로 거센 돌풍이 몰아치는 거야. 그 후폭풍에도 다양한 등급이 있지. 능력자의 이직은 부러움의 미풍 정도. 상사의 퇴사는 며칠짜리 소나기. 믿었던 후배나 선배는 천둥 번개가 몰아치는 폭풍우. 그중 최악의 재해는 누가 뭐래도 바로 동기의 퇴사다. 그에 비하면 나머지 위기들은 다 지나가는 바람에 불과하더라고.

그들은 나와 함께 철옹성 같은 알을 깨고 이 세상에 들어온 이들이었다. 초심자답게 멍청하도록 순진해서, 정년이 보장되기만 하면 그때까지 다 다닐 줄 알았지.

"우리 나중에 다 같이 은퇴 여행이라도 갈까?"

애사클럽 주동자였던 열정맨이 먼저 떠날 줄은 몰랐다. 미처 놓을 수 없었던 꿈을 찾아 떠나기도 하고, 안타까운 이유로 탈출하듯 그만두기도 했지. 원인이 무엇이든 블록

버스터급 태풍 같던 그들의 퇴사는 늘 나와 남은 동기들을 할퀴고 지나갔고, 속수무책으로 침수당한 나는 무력과 불안으로 범벅이 되어 번번이 일태기에 꼬라박히고 말았다. 회사 괴담에 따르면 직장인에게는 3년 주기로 일태기가 온다고 하던데, 내겐 왜 이렇게 시도 때도 없이 찾아오는 건지. 심지어 가면 갈수록 이 진통의 간격이 점점 짧아지는 느낌이야.

티끌보다도 작은, 우주먼지만도 못한 역할 속에서, 가치라고 믿었던 것의 속성을 의심하니 일상이 권태롭게 부유한다. 그저 습관처럼 출근해서 꾸역꾸역 있다가 그 시간을 돈으로 바꾸는 나날. 당장 목구멍이 포도청이니 이러지도 못하고 저러지도 못하고. 대책 없이 싫다 싫어만 되풀이하는 내가 문제인지, 정말 일이 문제인지 고민하고 재탕하다 그마저도 권태로워 밀쳐낸다. 이정표를 잃고 무중력을 떠도는 기분. 까마득히 무력하나, 무력하단 생각조차 귀찮다.

"그런데 우리는 어쩌다가 지금껏 남게 된 걸까. 그만큼 독해서 그런 걸까?"

독하다고 하기에는 그들만큼 조마조마하지 않은 낮이 없고, 공허하지 않은 밤이 없는데. 사표를 낼 만큼 그럴듯한 대의나 명분이 없어서? 고작 의지박약이 장수의 비결이었던가.

"이 언니도 안 가는데 네가 가긴 어딜 가. 바짓가랑이가

그래도 점심은 먹어야겠지

늘어지게 대롱대롱 매달려야지."

그 말에 피식 잡혀주는 걸 보면 나 역시 잡아주길 바랐는지도. 그러고 보니 물에 젖은 빨래처럼 늘어진 내게 일태기 특효약을 떠 먹여준 사람도 바로 언니였지. 그렇게나 사직을 꿈꾸던 그는 공부다, 여행이다, 각종 퇴사 방지책을 마스터하게 되었고, 역설적이게도 퇴사병 전문 명의가 되어버렸다. 경험을 토대로 한 맞춤 치료법을 처방하니, 거기 팔랑팔랑 넘어간 내 고질병이 설렁설렁 치유되더라고. 언니야말로 내 지푸라기였네. 설마 진짜 그만둘 건 아니지?

"미쳤냐. 네 말대로 대출이 얼만데 10년은 더 다녀야지. 알았어! 퇴사 소리 안 하면 되잖아."

그럴 줄 알았어. 대단한 일 욕심도, 어마어마한 출세욕도 없는 잔잔바리 미생. 그토록 미약한 열의라도 꾸준할 수 있던 게 오롯이 내 능력인 줄 알았었는데, 이제는 안다. 사탄도 울고 갈 악재를 피한 행운과, 주위에서 틈틈이 넣어준 불쏘시개 덕분에 홀러덩 넘겨온 세월이라는 것을. 그러니 부싯돌처럼 티격태격하던 언니에게도 내 불꽃을 나눠줘야지. 방금 그 말 꼭 지키는 거다.

4장

왜 자꾸 밥을 먹자고 하는 거야

짬뽕 먹고 풀어

어쩐지 아까부터 사람들이 슬금슬금 피하더라니. 모세의 기적인 줄.

엘리베이터 문에 좀비 한 마리가 비친다. 맹견처럼 으르렁대는 폼이 당장이라도 달려들어 목덜미라도 물어뜯을 것 같아. 잔뜩 구겼다가 대충 던져놓은 듯 찌그러진 척추는 펴지지를 못하고, 시뻘겋게 충혈된 눈은 증오로 불타오른다. 누구 하나 걸리기만 해보라는 듯 앙칼지게 움켜쥔 주먹. 손톱이 제 살을 파고들지만 아픈 줄도 모른다. 피곤하면 감각이 무뎌지잖아. 그게 바로 현대판 좀비지. 약물도 주술도 필요 없다. 한국의 직장문화는 멀쩡한 사람도 좀비로 만들어.

낯익은 외투로 겨우 알아본 내 몰골이 피폐하기 짝이 없다. 원래 사원증이 이렇게 무거웠던가. 여기다 무슨 흑마

법의 주술이라도 걸어놓은 건지. 내 멱살을 움켜쥔 목줄이 날 사무실로 잡아끈다. 지금 내 상태 따위 안중에도 없다는 듯 인정사정은 묻지도 따지지도 않고. 아무래도 회사가 소환용 부적이라도 박아넣은 모양이야. 앙다문 입을 뚫고 기이한 신음이 흘러나온다. 아르르르. 죽겠다. 야근 한 방에 이 지경이라니. 나이 탓은 아니고 화병에 골병이 들어서 그래.

평소에는 아침 인사에 정성을 다하는 편이다. 상큼한 하루를 기원하는 의식이랄까. 출근길에 가루가 된 체력을 싹싹 긁어모아, 힘차게 안녕을 주고받으면 정말로 모두가 안녕해질 것만 같잖아. 근데 오늘은 진짜 못해 먹겠다.

"저 왔어요."

기력이 쇠한 다리가 무릎 꿇듯 의자 위로 포개진다. 잡아 뜯듯 뽑아낸 사원증과 가방을 홧김에 던져버리려다, 흐느적 내려놓았지. 여긴 나 혼자만의 개인 공간이 아니니까. 남의 기분까지 망칠 권리는 없어. 아직 그 정도로 개차반은 아니라고.

"여어, 왔냐. 피곤해 보이는데 모닝커피 한잔씩들 어때. 빵도 있는데. 내가 쏠게."

"됐어요."

깜박이도 없이 튀어나오는 나의 노빠꾸 대답에 팀원들이 동요한다. 저러는 팀장도 지겨워. 찌질한 하극상이 고작이지만 이 정도 반항은 해야 풀릴 것 같다고. 좀비 화나면 문다. 크르르르. 더 이상 접근금지.

근데 잠깐만, 빵이라고? 주인을 닮아 축 늘어진 핸드백을 밀치자 종이컵에 담긴 빵조각이 보인다. 미확인 물체를 경계하며 이게 뭐냐는 듯 노려보는 좀비.

"저어⋯ 맘과장님이 돌리셨어요. 어제 고마웠다고⋯."

퉤. 안 먹고 말지. 훌륭한 회사원이라면 일어나 감사 인사를 전해야 마땅할 테지. 그러나 지금은 그를 마주하고 싶지 않다. 독기를 뿜어내는 눈을 숨길 자신이 없어. 이런 일은 후회보다 지각이 나아. 나중에 하자. 내 속이 썩어 문드러질지라도 사회적 항상성을 유지해야 한다니. 우욱. 텅 빈 속에 구토감이 치민다.

'하지만 그게 직장이야.'

머리맡의 명패가 나를 내려다보며 경고한다. 알았다고. 화해의 사신으로 납신 빵을 방치하는 것으로 마지막 추태를 부려본다.

처음부터 이러지는 않았다. 육아휴직 후 복직한 맘과장과 난 안면이 있었거든. 입덧도 심한데 바쁠 때 임신했다고 신경질 낸 상사 탓에, 화장실에 숨어 토하다 그마저도 눈치 보던 모습도 봤고. 어차피 휴직하면 놀지 않냐며 이죽거리는 탓에 2시간 단축 근무도 지키는 꼴을 못 봤다. 저출산 정책에 앞장서는 공공기관도 내 직원의 임신은 악재인 게 현실이지. 구박데기 주제에 의리를 지키겠다며 출산 전주까지 일을 했더랬지. 그런 그의 발령이 내심 얼마나 반가웠는지 몰라.

전날 아침 10시도 안 되어 울리던 그의 폰. 빠른 걸음으로 벗어나는 등 뒤로 '네, 선생님' 소리가 퍼지자마자 나는 그의 조퇴를 직감했다. 이런 상황이 데자뷔처럼 익숙해졌거든. 애가 아프다는데 죄송하다며 허리까지 숙이는 그를 붙잡을 사람은 아무도 없었다. 그 부재를 채워내야 할 대행자는 굳어 있었지만.

'갑작스러워서 그렇지 너도 휴가 가면 신세지잖아. 좀 봐줘.'

부탁하지도 않은 민심 관리까지 나서며 대인배 노릇을 하고 있던 와중에 사건이 터졌다.

과장님 자리로 빗발치는 민원. 허둥지둥하던 대행자와 팀장은 당연하다는 듯 내게 SOS를 보냈지.

"지금 외부에서 시스템 화면이 안 넘어간대요. 어떡하죠?"

나라고 알 턱이 있나.

"과장님한테는 제가 전화해 볼 테니까, 팀장님은 빨리 전산팀에 연락 좀 해보세요."

네? 담당이 어디냐고요? 참내, 대체 누가 상사고 누가 부하직원인지.

아까까지는 문제없었다며 당황하는 목소리 뒤로 악을 쓰며 우는 아이의 비명이 들린다. 잠시 들었을 뿐인데 아득해지는 정신. "시끄럽죠. 죄송해요." 그가 또 사과를 건넨다. 도도해 보일 정도로 당당했던 과거의 커리어우먼은 온데간데없다. 그는 늘 미안해한다. 상사에게도 동료에게도 아이에게도. 화려했던 네일아트 대신 쿠션 하나를 겨우 두드린 얼굴로 헐레벌떡 출근하던 슈퍼맘. 고생하지. 알아. 정말로 알아주고 싶었어. 나도 좋은 사람하고 싶다고.

"어쩌죠. 지금 막 소아과에 왔는데 대기도 길고…. 맡길 곳이 없어서. 어떡하죠."

사정은 알겠는데 결국 이번에도 이쪽에서 알아서 해달라는 거지? 전처럼? 끊을게요.

말랑했던 인심이 사과뿐인 통화에 퍼렇게 멍들어갔다. 내 마음속에는 감옥이 있다. 미움받아 마땅한 자들이 무기징역을 때려 맞고 수감되는 곳. 예전에는 죄수들의 형편을 봐주지 않고 유죄부터 때려댔지. 일부러 새겨넣은 것도 아니고 잊으려 애써봐도 지워지지 않는 이름들. 그들의 불행에 통쾌해하면서 그런 내게 환멸을 느낀다. 언제나 만실인 이곳은 커져만 갈 뿐 그들이 석방되는 일은 대서특필 수준이었다. 특히나 계속 마주치는 측근을 싫어하는 게 얼마나 피곤한 일인데. 일단 시야에 들어오기만 해도 부정 에너지가 완충되잖아. 너를 미워하는데 왜 내 진이 빠지는 걸까.

그래서 정말 미워하고 싶지 않았다. 네가 아닌 나의 평온을 위해서.

계속 통화 중인 전산팀에 팀장을 이끌고 직접 쳐들어가 보니, 산불이라도 덮친 듯 난리가 났더라고. 어제 뭘 업데이트했다가 이 사달이 났대. 그쪽에서 화재는 진압했는데 일일 소방관으로 나선 내 일은 방치당한 거지. 얼마 뒤 과장님이 기프티콘을 보내왔다. 맨날 이렇게 사주면 뭐가 남나 싶지만 상투적인 답을 퉁명스럽게 보냈다. 진심 어린 보은도 계속되면 물리더라.

"애들아 우리 번개로 팀점하자. 내가 쏠게. 짬뽕 어때?"
포기를 모르는구나. 불경하게도 '넌씨눈'이 떠올라 눈을 질끈 감았다. 그래도 상사잖아. 받아줄 때 멈출 줄도 알아야지. 한계를 벗어나면 그 뒷감당도 일이라고. 알았어요. 가요, 가.

식당으로 가는 내내 과장님은 한걸음 뒤에서 우리 눈치를 살폈다. 어지간하면 알아줄 법도 한데 뒤끝도 길지. 팀원들의 잔망에도 이리저리 비틀대며 걷기만 했다. 저 모텔에서 딱 30분만 대실하면 안 될까 고민하며. 졸려 죽겠다.

면은 도저히 안 넘어갈 것 같아 시킨 짬뽕밥이 놓이고, 이어지는 훈화 말씀.

"많이 먹어. 어제 고생한 거 애썼고 과장님은 간호한다고 애썼고. 고생도 해장을 해줘야 해."

능글맞기는. 후룩, 그래, 이번엔 좀 심했어, 호로록, 과장님도 말이야, 후우후우, 아무리 예측 불가했던 일이라지만, 흐아, 뜨거, 뭐더라, 후루룩, 아니 근데, 하아, 이거 왜 이렇게 매워. 화끈한 불맛이 지우개처럼 엉켜있던 앙금의 매듭을 하얗게 지워간다. 정신이 하나도 없네. 캡사이신이 아닌 태양초 고춧가루의 진국 펀치. 근본 있는 매운맛에 잠이 홀딱 달아난다. 땀이 잘 안 나는 체질인데도 땀방울이 송골거리고. 더위가 쥐약인 남직원은 아예 휴지를 움켜쥐고 드시네. 먹으랴 닦으랴 바쁜 팀원들. 다 같이 틴트라도 나눠 발랐나. 입술 색이 똑같네.

음소거로 생색내던 짜증을 내동댕이친 채 맵다 맵다를 반복하며 코를 박고 먹는다. 대왕오징어와 돼지고기만 식감으로 구분되지 온통 빨간 맛이야. 얼얼해도 놓을 수 없는 중독성. 임계치를 초과하는 통각에 호들갑을 떠는 혀도 이 맛에 이끌리는 본인을 부정할 수는 없을걸.

"갈수록 음식들이 점점 더 매워지는 것 같아요. 맵찔이 서러워서 살겠나."

나의 자조 섞인 불평에, 못 먹는 걸 알면서도 가끔 이런 게 땡길 때가 있다며 맘과장님이 슬며시 끼어든다. 그건 그래요.

"올라가서 아까 주신 크림빵 먹으면 맛있겠다. 감사해요. 잘 먹을게요."

"그 정도야 뭘요. 저 때문에 매번 죄송해요."

그럴 수도 있죠. 불의의 사고잖아요. 우리를 힐긋대던 팀장님이 너털웃음을 짓는다. 곰탱이처럼 생겨서는 은근 제갈량이라니까. 저 술수에 또 당한 거지 뭐. 됐어. 미안하다잖아. 사과조차 할 줄 모르는 인간말종들이 부지기수다. 암튼 무슨 마가 꼈나. 꼭 담당자 없을 때 이러더라.

한솥밥의 위력

    팀장님의 원맨쇼가 제 무대를 만나 빛을 발한다. 시니컬한 방청객에 개의치 않고, 자신만의 스탠딩 코미디를 뚝심 있게 끌고 나가는 패기. 그 지조 있는 너스레가 기어코 웃음꽃을 떡하니 피워놓을 줄이야. 예능인 부럽지 않은 매끄러운 진행이 실로 경이롭다. 물에 빠지면 입만 동동 뜰 거라고 비꼬았던 그의 말발이 오늘따라 청산유수로 들려. 역시 연륜을 무시할 수 없는 법인가. 강한 자가 살아남는 게 아니라 살아남은 자가 강한 거라잖아.

    "이렇게 한솥밥도 나눠 먹고 그래야 한 식구 한뜻으로 일하는 거 아니겠습니까. 크핫핫핫!"

    다소 쌍팔년도스러운 유머 감각이지만 팀장님 연세에 이 정도는 감수해야지. 상사로서의 카리스마를 지키고자 나한테 광대짓을 떠넘기지 않는 게 어디인가. 시킨다고 해낼 갬냥도 안 되는 나는 방정맞은 웃음소리로 관중을 부추긴다. 아이고, 웃기다. 깔깔깔깔. 웃어 웃어. 낄낄낄.

시종일관 냉소적이던 새 사무관의 광대가 드디어 빙글거린다. '우리가 남이가'를 필두로 무한 돌격하는 대시에 백기라도 든 걸까. 급한 건 우리니 이번 기회에 어떻게든 구워삶아야 한다. 정부 부처 산하기관에서 담당 사무관의 지위는 천상계나 다름없거든. 하긴 아무리 슈퍼 갑이라도 그래. 딱 봐도 한참 어른인 팀장님이 이렇게 재롱을 부리는데 계속 모르는 체하는 건 경우가 아니지. 퇴색됐다고는 해도 본래 유교 국가인 우리나라에는 엄연히 장유유서라는 게 있잖아. 모쪼록 그 정도 예의는 아는 모양이니 다행이네. 자자한 악명만큼 싹퉁바가지는 아닌 건가. 실망할 걸 알면서도 시커먼 헛물을 가득 들이킨다.

한 손에 착 감기는 솥뚜껑을 가뿐히 들어 올리자, 푸릇한 쪽파밭 위로 튀기듯이 구운 도미가 도톰하게 올라앉았다. 나만을 위한 전용 솥밥. 귀한 토핑을 차지하려고 눈치 볼 필요 없는 개인상이다. 가끔 한 상에서 반찬을 공유하다 보면, 가정교육이 의심되는 매너 빌런 때문에 비위가 상하기도 하잖아. 그럴 걱정 없는 프라이빗 반상에 제대로 대접받는 기분이 든다. 부디 저쪽도 그래야 할 텐데.

어색함에 가출했던 입맛이 오징어젓갈에 허겁지겁 귀가한다. 벅벅벅벅. 다들 이러다 솥 뚫어지겠다. 저리 잘 먹을 거면서 뭐하러 튕긴 거람. 매정한 양반 같으니. 새로 부임했으니 밥 한번 먹자는데 삼고초려를 하는 거야. 성미 한번 괴팍하지. 설마 기선제압이라도 하는 건가. 궁시렁궁시렁. 미운 이의 바가지를 긁는 대신 돌솥을 긁는다. 도로록 도로로록. 너무 박박 긁어내면 나중에 먹을 누룽지가 없고, 그렇다고 너무 많이 남기면 숭늉 맛이 떨어지니 적당한 세기로 복복복복. 긁어낸 밥을 공기에 덜고 뜨거운 물을 붓는다.

"제가 부어 드릴까요?"

옛다. 이거 받고 너도 마음 좀 열어봐. 저기 저 누룽지처럼 뭉글뭉글 누그러지란 말이야.

"맛있네요."

아하하. 듣던 중 다행이네요. 하하호호 재미없는 이야기에도 안도의 웃음이 절로 터진다. 어휴, 살았다. 젊은 사무관의 취향을 고려한 상차림이었는데 얼추 맞았나 보네. 새로 생겨서 호시탐탐 노리고 있던 곳이었거든. 상사들은 정도 없고 단출해 보인다며 가족 같은 분위기의 해물찜을 추천했지만. 아뿔싸, 저 깍쟁이가 초면에 그걸 퍽이나 기꺼이 발라 드시겠다. 그건 절대 오답이라고 펄펄 뛰어서 겨우 쟁취해 낸 메뉴라니까.

애초에 식사를 제안할 때마다 두루뭉술 넘어가는 게 뭔가 탐탁치 않아 보였거든. 인위적인 화목보다는 개인 플레이에 대한 존중을 바라는 느낌? 그럴 수 있지. 나도 그러니까. 그런데 팀장님은 거기다 대고 덥석 술자리부터 권했으니. 그의 기개에, 옆에 있던 나는 내적 비명을 지르고 말았다. 요즘 그런 거 안 먹힌다고 몇 번 말해!!! 팀장의 지속되는 강권에 마지못해 점심으로 합의하긴 했다만, 여전히 떨떠름한 눈매에서 나는 그의 속내를 단숨에 읽어버렸다.

'친하지도 않은데 밥은 무슨. 우리 그냥 일만 하면 안 될까?'

팀장님이라고 잡상인 취급이 좋을 리 없었겠지. 하지만 위에서는 당사자의 의중 따위 안중에도 없이 어떻게든 자리를 만들어보라 성화시고. 하다 하다 게스트 섭외 능력까지 업무능력이라잖아. 그 역시 무대뽀 정신으로 무장하고 자기 역할을 철저히 수행할 뿐이다. 허허실실. 배알도 없는지 어떠한 굴욕에도 사람 좋은 척 웃어넘기는 상사의 비위가 전복 내장처럼 쌉싸름하다.

위에서 밥에 집착하는 이유를 모르지 않는다. '밥을 먹어야 친해진다니! 친해져야 밥도 같이 먹는 거지!'를 좌우명처럼 외치던 나도 결국 그 이치에 항복하고 말았거든. 한국인은 밥심으로 산다 하지 않던가. 그 밥심은 뱃속에 들어찬 밥에서 나오는 초월적 힘 외에도, 마음 심(心)을 내포하고 있었다. 밥을 나누다 보면 우리 사이에 한술 한술 쌓여가는 마음 말이야.

회사만 오면 선택적 내향인을 자처하면서도, 누군가와 밥상을 공유하고 나면 그 사람과 한 수저 가까워지는 경험을 하곤 했다. 고작 점심 한번 먹었다고 메신저나 전화를 건네는 손길이 흔쾌해지더라고. 회의에서는 몇 시간을 함께해도 뻣뻣하던 인물이 30분짜리 식사에 구수해지기도 했지. 그런 밥심의 위력을 체험하고 나니 나도 용기를 내게 되었다. 혹시 저랑 점심 드실래요? 저녁은 개인적인 느낌이라 부담스럽고, 마감 시간이 확실한 점심이 딱이야.

그러니 밥 한번 먹자는 말이야말로 플러팅의 끝판왕이 아닐까. 우리 잘 지내보자. 꼭 이성이 아니더라도, 업무적으로나 인맥으로나 적절한 플러팅이 필요한 순간이 있잖아. 하물며 친구를 사귈 때도 그래. 상대가 불편해하면 다음을 기약하는 척 매끄럽게 넘어갈 수도 있고, 좋다고 덥석 물면 땡큐고 말이야. 훈훈한 분위기에서 맛난 음식을 나누다 보면 엔도르핀이 분비되어서 그런가. 마음의 빗장이 스르륵 열리더라고. 들어와. 나는 사실 이런 사람이야. 너는 어때?

바삭한 겉껍질까지 야무지게 부셔 비빈 도미밥. 별다른 양념을 더하지 않았는데도 기름기가 감돈다. 하긴 원래 잘 지은 흰 쌀밥은 그 자체로도 윤기가 나잖아. 생선의 왕이라는 찬사를 들은 적이 있는데 능히 어울리는 칭호로고. 양념을 더하지 않아도 어디 하나 비리거나 느끼한 구석이 없다. 이런 게 고급미로구나. 혹여나 귀한 맛이 씻길까, 마지막 흔적까지 삼키고 나서야 곁들이로 나온 백김치를 먹어준다. 정갈한 미뢰로 다음 도미님을 맞이해야지.

"그래서 결혼은 하셨고?"

"…"

순식간에 몰아친 정적에 다물어진 조동아리. 대참사다. 도미 사랑의 나비효과가 이리 돌아오다니. 잠깐 한눈판 사이 팀장님이 팀장님한 거지. 그의 치명적인 단점. 그럭저럭 유쾌하던 입담이 가끔 급발진을 일으킨다. 내 이럴 줄 알았다는 듯 간신히 풀어놓은 눈가가 도로 냉랭해진다. 실은 아까부터 슬금슬금 짧아지던 반존대가 아슬아슬하다 싶었거든. 은근히 경고를 보냈건만 거기서 브레이크가 아니라 풀 악셀을 밟으실 줄이야.

이래서다. 낯선 이와의 겸상이 껄끄러운 이유. 식사야말로 가장 사적인 순간이 아니던가. 의식주라는 기본욕구 중 하나이기도 하고, 누구나 밥 정도는 편하게 먹고 싶어 하니까. 그래서 무의식 중에 슬쩍 긴장을 놓은 사이, 간혹 이렇게 일방적으로 편해진 한쪽이 내 담장을 무참히 뚫고 들어오는 무례를 범하기도 한다. 친목을 위해 나눈 사담이 예상치 못한 곳까지 흘러 들어가는 불상사도 발생하고. 무엇보다 겨우 밥 한 끼를 사줬다는 이유로 당당하게 내 발목을 잡는 계략가도 있었다. 사소한 접대로 시작된 원대한 청탁. 내 순진함을 자책해 봐야 이미 엎질러진 물일 뿐. 그래서 오늘의 주인공도 애초에 그 인질의 싹을 자르려고 했던 걸 거야.

이러다 그간의 공이 수포로 돌아가게 생겼네. 어떻게든 이 사태를 수습해야 해. 두뇌 회전 풀 파워!

"양실장님께 말씀 많이 들었어요. 잘해주셨다고. 저희한테 안부 꼭 전해달라 하시더라고요."

이 사무관에 대해 유일하게 긍정적인 말을 들려주던 분의 성함을 들먹인다. 마더 테레사 같은 실장님이라 누굴 싫어한다는 소리를 들어본 적 없지만, 그만큼 너그러운 성품의 소유자답게 이 실장님을 싫어하는 사람도 본 적이 없거든. 다행히 그 이름을 반가워하는 갑님. 십년감수했네. 깜짝 놀라 굳은 위장을 뜨뜻한 숭늉으로 달랜다. 부디 사무관님 속도 녹녹하게 달래지기를. 입이 방정이라 그렇지. 나쁜 분은 아니랍니다. 제발 괘씸죄로 야근만은. 굽신굽신.

뒷담화만 한
안주가 없다잖아

　차라리 상추였다면 입안 가득 욱여넣고 우걱우걱 씹어 줄 텐데. 가끔 실수로 빚어진 욕심쟁이 쌈 있잖아. 내 구강 구조를 고려한 인체공학적 설계 없이 이 모든 걸 한 번에 맛보고 말겠다는 집착이 만들어낸 욕망 덩어리. 지금 내겐 그 쌈이 필요해.

　"너 그거 먹을 수 있겠어?"

　걱정 어린 시선에 무리라는 걸 깨닫지만 지금 와서 덜어내자니 추접스럽고. 하는 수 없이 일방통행으로 쑤셔넣었다가 잠시 후 어쩔 줄 몰라 파닥대고 만다. 한 손으로 다급히 입을 가리고, 빡빡한 볼 때문에 턱까지 저려오지만, 그 와중에 맛은 좋아. 쌈은 추하게 먹어야 맛있다니까. 빙구 같다는 놀림에도 멍청한 웃음이 난다. 미련의 맛이란 진미로구나.

그런 쌈을 씹고 있으면 자동으로 귀에 노이즈 캔슬링 모드가 깔린다. 바로 그 기능이 필요한 상황이야. 그러니 이 삶은 양배추가 아니꼬울 수밖에. 먹기 좋게 썰려 식판을 다소곳이 채우고 있는 양배추에겐 미안하지만, 오늘 타이밍이 영 안 좋네.

아무것도 안 들린다. 자체 세뇌를 걸며 제육을 쑤셔넣는다. 으적으적. 기사식당처럼 원색적인 끌림은 없어도 평타 이상인데, 귀가 거슬려 맛이 흐려진다. 소곤거리는 게 더 잘 들린다고! 일부러 들으라고 저러나. 급식의 수호자라 불리는 제육쌈밥이 나왔는데 이곳에 있는 게 고역이다. 그 와중에 눈치도 없지. 자기만 모르는 비밀을 찾아 레이더를 쫑긋대는 귀. 쓰읍. 그만.

"그 얘기로 난리네. 저기 부서 누가 익명 신고로 찔렀다잖아. 지금 완전 쑥대밭이래요."

결국 옆 테이블까지 번져버렸구나. 조용히 하라고 할 깜냥은 없어 처량하게 청국장만 호록거린다. 사람이 3명 이상 모이면 뒷담화가 터진다더니. 비교조차 미안하지만 이 청국장 같은 거다. 내가 엄청 구린 청국장을 발견했거든? 너도 먹어볼래? 너니까 알려주는 거야. 씃은 무슨. 보글보글 끓어오른 쿰쿰한 냄새는 흥이 난 바람을 타고 덩실덩실 삽시간에 널리 퍼져 나간다. 에이 설마. 회사에서 청국장이 말이 돼? 구린내에 경악하던 군중들도 자신만의 가설을 투척한다. 기억과 추측이 가미되어 변형된 잔향은, 사라질 듯 가시지 않고 잊을 만하면 다시 되살아나지. 전에 그 사건 기억 안 나? 어머! 너 그 전설 모르니? 내가 알려줄까? 너만 알고 있어.

"나 들었어. 폭언한 거 녹음해서 보냈다며. 회사에 녹음기라도 달고 다녔대?"

"진짜요? 요즘 애들 진짜 독하다. 그래서 뭐라고 했대요?"

재생 버튼이 눌린 녹음기처럼 빼곡하게 흘러나오는 신고 내용. 철통 보안이라고 믿으라더니 회사가 그렇지 뭐. 그나마 신고자가 아직까지 안 털린 걸 양심적이라 해야 하나.

"어린애겠지? 메신저 보니까 영한 애들 몇 명 있던데. 안 그렇게 생겨 가지고."

"여자지? 요새 뉴스 봐. 젊은 여자애들 등쌀이 장난 아니잖아."

악! 더러워! 당장 이 귀를 벅벅 씻어주고 싶다. 자기들끼리 이미 범인으로 확정 지은 건가. 그리고 댁은 여자 아니야? 자식도 있는 양반이. 자기 딸이 당했어봐라. 2차 가해도 신고 대상인거 모르나. 콱 그냥. 하기는 저런 종자야 자신에게는 한없이 관대한 법이지. 있는 청국장을 끓였을 뿐이라고, 그러게 그럴 거리를 왜 만들고 다니냐고 적반하장으로 따질 게 뻔하다.

자기들만의 인적 네트워크를 가진 사내 일루미나티. 주

그래도 점심은 먹어야겠지

요 활동 영역은 메신저, 점심시간, 흡연장, 술자리 등이 있다. 좋게 말하면 정보통이고, 격하게 말하면 뒷담러지. 각종 음모론의 원산지로 추정되는 탓에 신용도를 쌓기 전에는 함부로 끼워주지도 않아. 하지만 회원 간의 의리는 없는지 자기들끼리도 돌려막기를 한다. 그 정보가 탐난다면 등가교환의 법칙에 따라 그만큼 무언가를 내줘야 해. 잊지 마. 악마와 춤을 추면 악마가 변하는 게 아니라 내가 악마가 된대.

"청국장이 냄새도 안 나고 맛있네요."

그러게요. 하하. 하필 이런 광란의 더티토크 속에서 남자 동료와 밥을 먹고 있다니. 3배속으로 식사를 해치우는 우리. 그래도 저 주제가 도마에 오르지 않는 게 어디야. 본인의 뒷담화 토크에 적극적으로 동참하지 않는다고 흉을 보는 사람도 많잖아. 난 대꾸가 영 시원치 않다는 악플을 수두룩하게 받아봤거든. 보나 마나 소문 메이커가 달아놓은 후기겠지.

솔직히 자극적인 전개에 구미가 당긴다. 19금 막장 드라마도 괴상망측한 가십거리에 비하면 전체 관람가 수준이야. 키워드가 한번 입력되면 나도 모르게 솔깃해진 손이 검색에 나선다. 메신저 속 나만의 나무위키를 찾아 채팅을 걸면 실시간 정보가 와르르 쏟아지겠지. 그래서 애초에 안 듣고 싶은 것이다. 아직은 백로와 까마귀 중간 어딘가로 살고 싶어.

"아무튼 요즘 회사에 재밌는 일이 없었는데 오랜만에 거리가 생겼네."

동행을 위해 잘 참고 있었는데, 정말 더는 못 들어주겠다. 과장님 귀에서도 피가 나는지 수저를 내려놓으시더라고. 마녀처럼 깔깔대는 까마귀 소리에 완패를 인정하며 상을 물린다.

나라고 청렴하기만 한 것은 아니다. 공공의 적이나 오피셜 소문만큼 친목 도모에 좋은 치트키가 어딨겠어. 다 같이 모여 씹고 뜯고 맛보고 즐기다 보면 금세 돈독해진 것 같잖아. 거기에 나만 아는 줄 알았던 진상에 공감하는 사람이 있다? 그럼 바로 도원결의행이지. 하나, 사람은 누구나 자기 몫의 뒷말을 짊어지고 산다. 소문에서 자유로운 사람은 아무도 없어. 남의 일이라고 쉽게 쑥덕대다 보면 어느새 다음은 내 차례일지도 몰라.

언제는 새로운 부서에 인사를 갔더니 이미 내 프로필을 꿰고 있는 거야. 그건 꽤나 사사로운 정보인데 어떻게 아는 거지? 닭 껍질 같은 소름이 오소소소 온몸을 기어올랐다. 출처를 물어볼 수도 없고. 난 대체 누구한테 어디까지 말하고 다닌 걸까. 왜 자기 무덤을 파고 다닌 걸까. 뒤늦게 범인을 추적해 봐야 뭘 해. 이미 흘러나온 말은 우주 멀리 저 멀리 사라졌는데.

가끔은 참과 거짓이 교묘하게 뒤섞인 키메라를 마주할 때도 있다. 이 가십의 기원을 알 수가 없으니 이의신청을 할 수도 없네. 이 루머를 들은 이들에게 진위 여부는 안중에도 없었을 것이다. 나도 그랬으니까. 심지어는 진실을 알고 있으면서 선동하는 이들도 있다. 피해자에게도 책임이 있다는 둥 가해자를 두둔하는 끼리끼리들. 너희 같은 족속들에게 카르마의 인과응보가 있기를 간절히 기도해. 그래서 그런지 구설수는 재밌게 즐기고 나서 항상 더 찝찝하더라고.

"메신저 보니까 그쪽 팀 다 꺼져 있더라구요. 아. 다른 건 아니고요. 일 때문에⋯."
"아까 식당이 그 정도인데 얼마나 귀찮게 했겠어요. 커피 드실 거죠?"
아, 제발. 낯짝이 스테인리스로 만들어졌나. 소문의 당사자를 둘러싸고 쑥덕이는 공기를 못 느낄 리가 없는데. 자기는 당당하다고 결백이라도 주장하는 건지 내게 웃으며 목례를 건넨다.
"과장님⋯ 저 사람⋯ 아니 저분 아세요?"
경악하는 동료의 눈동자에 회상씬이 비치는 듯하다. 지난 기억이 되감기되고 있겠지. 내가 무슨 말을 했더라? 이상한 소리 한 거 아니겠지? 일전에 같은 층에서 일한 게 전부라는 내 답에 안도와 불안이 뒤섞인 기묘한 표정을 짓는

과장님. 말하고 보니 어이없네. 저 새끼는 몇 년째 인사해도 잘만 씹더니 왜 저래. 대체 남의 인사를 씹는 이유가 뭔지 궁금했다. 윗사람은 잘도 반기는 게 시력 문제는 아니고, 인성이 문제지? 재수 없어. 쌤통이다. 그러나 지금 꺼낼 말은 아니다. 누가 언제 어디서 지켜보고 있을지 몰라.

엄마 닭처럼 품어줬건만 뻐꾸기 새끼였던 후배가 있었다.
"네가 나에 대해 그렇게 말했다며?"
믿었던 그의 고자질에 된통 당해버렸다니까. 다행히 당사자에게서 해명의 기회라도 받아서 망정이지, 악마의 편집으로 인트로만 교묘하게 잘라냈더라고.
"너 왜 그랬어?"
따져 물으니 없는 말을 지어낸 것도 아닌데 왜 그러냐더라. 내가 비밀이라고 안 했다고? 그럼 네가 한 말도 전해도 돼? 뭐야? 너 울어? 자리에서까지 보란 듯이 훌쩍거려서 나만 마녀사냥당할 뻔했잖아.

소문은 돌고 돌아 제 주인을 찾아간다. 그러니 입방정은 감당 가능한 수위에서 떨어줘야 뒤탈이 없어. 하지만 이렇게 잘난 척해놓고는, 나는 내일도 쑥덕이는 귓속말에 온 신경을 집중하겠지.

됐고,
거기 뷔페 맛있대?

    이러다 인사 포비아라도 걸리겠어. 왜 어른들은 얼굴만 알아도 반갑게 인사하라고 가르쳤을까. 세상에는 위험한 인사도 있는 거라고. 딱히 그럴만한 관계가 아닌 인사는 경계해야 한다고도 알려줬어야지. 그걸 몰라서 오늘도 값비싼 인사를 당해버렸잖아,

    제기랄. 인사 같은 거 하지도 말고 받지도 말걸. 진작 그랬으면 무시당한 인사 때문에 기분을 잡칠 일도 없었을 것이고, 인사 좀 먼저 했다고 날 만만히 보거나, 그 예의범절을 호감이라 착각하는 버러지도 스쳐 지나갔겠지. 무조건 인사를 강요하던 부모님은 정녕 이런 사태를 예견하지 못했단 말인가. 그들의 가정교육이 무색하게 나는 인사가 불편한 인사가 되어버렸다. 그리고 이 사건을 기점으로 나의 인사 기피증은 중증으로 악화되겠지. 설마 네가 부모님이

예외로 지정했던 나쁜 사람이었던 걸까.

　이 공포증의 근원은 언제부터였을까. 낯선 아주머니의 인사를 흔쾌히 받아줬다가 사이비 종교에 끌려갈 뻔했던 경험 때문일까. 아니다. 그전부터 안 반가운 인사는 쭉 있어왔다. 데면데면했던 또래의 인사가 묘하게 껄끄러웠던 적이 있었지. 환하게 웃고 있는 입과 상반되는 쎄한 눈빛. 어릴 때는 습관적으로 '한입만'을 외치던 애들이 그랬다. 매번 처음 하는 부탁처럼 저 뻔뻔한 얼굴하며 맡겨놓은 듯 당당한 태도가 더 가증스러웠지. 대체 한입만을 몇 번이나 하는 거야. 그동안 먹은 한입들을 모아 쏘아붙이고 싶었지만, 겨우 한입에 매몰차게 굴기가 어려웠다. 혹시 안 받아주면 쪼잔하다며 면박을 주진 않을까 걱정됐거든. 무례한 요청을 들이민 건 상대인데 왜 나한테 치사하다고 하는 거냐고. 목표를 뜯어내자마자 변변한 답례도 없이 돌아서는 얄미운 뒷통수. 필기 좀, 숙제 좀, 돈 좀, 과제 좀, 이 일 좀. 크면 클수록 꺼림칙한 인사의 대가도 무시무시하게 커져갔다.

　너네는 도대체 왜 염치를 모를까. 그 또한 태생적으로 타고나는 거라면 내 속에 담긴 염치를 무료 나눔하고 싶었다. 혹시 이것이 배움의 문제라면 나에게 염치를 알려준 이들을 탓하고 싶었어. 정작 이 사건의 원흉은 배울 생각도 없을 테니, 내가 잃는 게 빠르겠다 싶어서.

　그들에게 맞설 대처방안을 고민하고 쩔쩔매는 것은 오

롯이 내 몫의 짐이었다. 불공평해. 그러나 그간의 인사들은 새 발의 피에 불과했다는 걸, 청첩장이 날아들면서 깨닫게 되었지. 평생에 딱 한 번…이길 바라는 소중한 이벤트. 한 입만도 못 물리치던 내가 그 한 번을 쉬이 저버리지 못했던 건, 어찌 보면 당연한 수순이었다. 아무리 당해도 쉬이 고쳐지지 않는 게 타고난 천성이니까.

초반에는 나까지 초대한 데는 이유가 있겠지 싶어서 성심성의껏 축하를 건넸다. 근데 언제부터인가 성수기에 밀려드는 청첩장이 세금 고지서처럼 느껴지더라고. 인맥세라고나 할까. 여기는 5만 원, 저기는 10만 원. 엥? 넌 뭐야? 지금처럼 쌩뚱맞게 날아든 축하 강요에 불쾌해지기도 했지. 쌍판때기에 철판을 깔았나. 네가 나한테 무슨 근거로 축의를 바라는 거야? 참내.

"잘 지내셨죠?"

뻔한 인삿말에서 눈치챘어야 했는데. 뜬금없이 저런 연락이 오면 '얘 결혼하나?'라는 생각부터 떠오르잖아. 암만 그래도 그렇지. 목례나 겨우 주고받는 인간이 이럴 줄이야 상상이나 했겠냐고. 심지어 인사도 내가 먼저 했다니까? 마침 잘 걸렸다는 듯 탁한 표정부터 흠칫했는데, 손에 든 쇼핑백을 뒤적이던 그가 하얀 봉투를 내미는 것이다. 수신인조차 적혀있지 않은, 밋밋하고 무성의한 청첩장을.

방금 나눈 인사가 우리가 나눈 가장 긴 대화 아니니? 이게 어딜 봐서 초대장이야. 5만 원짜리 고지서지. 인사를 남발한 죄로 5만 원 이상의 벌금형에 처한다. 엘리베이터 동승객을 향해 건넨 무의미한 인사를 청첩장으로 화답하다니. 뻔뻔한 인사. 까마득한 과거까지 회고해 봐도 이렇다 할 접점이 떠오르지 않는다. 그저 우리 둘 다 이 회사를 징하게 오래 다녔다는 거? 손톱만큼의 민망함도 느껴지지 않는 동작에 축하보다 화딱지가 먼저 돋네. 너 나한테 5만 원 맡겨놨니?

"여기 밥 맛있기로 유명하니까 꼭 오세요."

아… 예… 축하해요. 담을 곳도 없어 거추장스러운 혹덩어리를 달고 식당으로 향한다. 어차피 축의는 안 할 거지만 전단처럼 버릴 수도 없고. 타이밍도 참. 저런 개념에 어련하시겠어. 축의에 대한 내 기준은 명확하다. 역지사지. 나라도 바랄 정도의 성의만 표시하기. 나중에 다 돌려받는다지만, 난 받은 돈은 기억하고 보낸 돈은 잊자는 쪽이다. 엑셀까지 동원하여 경조사 장부를 기록하는 사람들도 있더라만, 난 어차피 준 만큼 못 받은 걸 깨달아도 마저 내놓으라고 닦달할 주제가 못 되거든. 그래서 현재의 진심을 전하는데 의의를 두자는 명목으로 호구가 되었달까.

회사에서 만난 사이에 공은 공이고, 사는 사 아니냐고? 정작 내 일이 되면 5만 원짜리 지폐가 바들바들 떨리도록 고민한다니까. 기부금은 연말정산 혜택이라도 있지. 돈도 잃고 인연도 잃을 바에 사람만 거르자. 그것이 강제 기부의 흑역사를 통해 내린 결론이었다. 애초에 우리가 기꺼운 사이였다면, 너의 인사치레가 사전에 충분했더라면, 내게 날아온 청첩장이 청구서로 보이지는 않았겠지. 아, 물론 축하해. 그건 공짜니까 아낌없이 보내줄게.

흰 봉투를 달랑대며 잔뜩 뿔이 난 나를 보고, 전 남친이 준 거냐며 놀리는 점약 짝꿍. 차라리 그런 거면 스펙타클하기라도 하지. 오는 내내 쌓아놨던 뒷담을 마구마구 쏟아낸다. "이게 말이 돼요? 아무리 돈이 좋아도 그렇지. 최소한 밥 한 끼라도 같이한 사람한테 줘야 하는 거 아니냐고. 그리고 보통 안 친한 사람한테는 예의상으로라도 부담 갖지 말라고 하지 않아요? 꼭 오세요는 무슨."

사회생활도 할 만큼 한 양반이 그만한 사리분별이 안 되나. 인터넷 기사도 안 보고 사냐고.

"줘도 난리고 안 줘도 난리라 인사치레로 죄다 돌리고 보는 사람들도 있어. 어차피 안 챙길 사이면 축하나 해주고 퉁치면 되지. 좋은 일 앞둔 사람한테 뭘 또 그리 사납게 굴어."

흥! 민망해진 볼따구에 심술보가 차오른다. 이래서 이런 상황이 싫어. 인면수심은 따로 있는데 나까지 손가락질 받게 되잖아. 애초에 불편할 상황을 안 만들면 좋을 것을.

하기는. 예전에 친한 줄 알았던 선임이 나만 쏙 빼고 청첩장을 돌리길래 섭섭했던 적이 있었다. 싱숭생숭했지만 그간 받은 은혜가 상당해서 축의금을 보냈지. 답례품을 돌리던 날, 내 앞에 선 그는 어쩔 줄 몰라 하며 감사와 사과를 번갈아 전했다.

"아유, 미안해요. 혹시나 부담될까 봐 그랬는데. 너무 고맙고 죄송해요."

괜찮아요. 남을 위한다는 게 이리도 어려운 일이었다니.

내 상황을 놀리듯 직원 식당의 배식구에 하트모양 너겟이 수북이 쌓여있다. 믿고 먹는 도시락 반찬이 오늘따라 얄궂네. 우걱우걱. 기분 탓인가 뒷맛이 곱지 않다. 고기인지 탄수화물인지 분간하기 어려운 식감에, 달달한 허니 머스터드로 요란하게 둔갑한 체면치레용 단백질.

"밥상까지 하트 하트 하네. 근데 걔는 얼마나 대단한 곳에서 하길래 그래?"

듣고 보니 궁금하네. 결혼식에서 하객의 이목이 집중되는 곳은 누가 뭐래도 밥이다. 입장 전부터 식당으로 향하는 직원들이 태반이야.

애물단지였던 청첩장 개봉박두! 두둥! 호텔?! 과연 호언장담할 만하다. 누가 뭐래도 밥맛은 끝내주겠어. 근데 이런 데는 축의로 얼마를 해야 해요? 모처럼 쉬는 날 꾸미고 나서서 축하해주는 성의는 아랑곳하지 않고, 요즘에는 식대만큼 더 안 내면 기껏 가고도 욕만 먹는다잖아. 돈만 보내면 더 좋아할걸? 계좌번호를 왜 넣어놨겠어. 어쩌면 이 청첩장에서 유일하게 솔직한 부분은 이 숫자들일지도 몰라.

그래도 점심은 먹어야겠지

그러니 수신자만 속물 취급할 거 없다. 닭이 먼저인지 달걀이 먼저인지는 몰라도 본전만 따지는 건 주최자도 매한가지니까. 오는 진심이 고우면 가는 진심이 고와질까. 치렁치렁한 겉치레도 허례허식도 없는 순수한 인사가 있긴 했었나 기억조차 요원하다. 축의금의 대부분이 하객들 식비로 나간다던데. 이 정도면 결국 밥밖에 안 남는 돈잔치가 아닐까. 치킨인지 아닌지 긴가민가한 너겟처럼 씹으면 씹을수록 퍽퍽한 청첩장이다.

한우라서 참는다

세상에 맛없는 한우도 있구나. 청정한우라더니 맛대가리가 영 글러 먹었다.

굽는 스킬의 문제일까. 같은 고기도 누가 굽느냐에 따라 맛이 천지차이잖아. 간혹 자신의 재능을 알고 나누려는 선인을 만난다면 그 곁은 절대 사수해야 해. 마치 육식의 신께 선택이라도 받았는지, 팡팡 터져 나오는 육즙의 팡파르가 꼭 불꽃놀이 같더라니까.

가성비 수입산마저 투뿔 한우로 승화시키는 저 능력. 갖고 싶다. 타인에게 의지하지 않고 집에서도 편하게 저 육질을 느낄 수 있다면. 그들을 이토록 동경하지만 아무리 연마해 봐야 그 집게 끝조차 따라잡을 수가 없었지. 언제는 작정하고 고기 장인인 동기를 스승 삼아 가르침을 받기도 했어. 오감을 동원하라고? 이 빛깔! 이 소리! 지금이야! 기막힌 타이밍에 똑같이 뒤집는데 왜 내 고기에서는 그 맛이 안 날까. 너한테서는 천연 MSG라도 나오는 거냐고.

비슷한 굴욕으로 손맛이 있다. 똑같은 재료와 레시피로 만들었는데, 나는 왜 자꾸 뒤틀린 황천의 요리가 소환되는 걸까. 연금술사라도 되는 듯이 나노 단위로 계량한 양념을 배합하고, 타이머까지 동원하여 치밀하게 조리했건만, 농부님께 죄송한 완성작에 요리를 향한 야망을 내려놓았다. 그렇지만 이번 자리가 자리인 만큼 이 저주받은 솜씨라도 발휘해 줘야겠지. 그거 이리 주세요. 마이 턴!

"아, 제가 너무 익혔죠? 사실 제가 고기를 잘 못 구워 가지고."

에이, 그런 건 아니고요. 요즘 시대가 어느 시대인데, 선배라고 넙죽넙죽 받아먹을 수는 없죠. 우리가 그럴 사이도 아니고.

회사에 입사하고 맞이한 첫 회식이 떠오른다. 분명 나를 위한 환영 잔치였지만, 그 자리를 제일 즐기지 못한 사람 또한 나였지. 회식과 관련한 흉흉한 소문이 워낙 많잖아. 먼저 경험한 이들에게 자문도 구하고, 인터넷에 회식 매너까지 검색해 봤다. 고기만 잘 구워도 미운털은 안 박혀. 그 말을 새기며 결의를 다졌다. 드디어 올 게 왔구나.

주인공이라 모두가 기피하는 상석에 앉게 된 나. 첫판부터 만만치 않네. 상사 모듬에 동석하게 된 내 오장육부는 앞에 놓인 숯불을 집어삼킨 듯 지글지글 타 들어갔지. 정신 차려! 고기는 기세야! 나약한 소리 하지 마. 그들에게 기필코 잘 보여야 해. 앞으로의 커리어가 여기 달려있다고!

위풍당당하게 치켜든 집게로 불판 위에 고깃덩이를 올리는 순간, 맞은 편 팀장님이 손을 까딱였다.

"이리 내. 고기 베릴라."

제대로 된 데뷔식도 갖지 못한 채 빼앗긴 집게. 그분은 배려였을지 모르겠으나, 난 그날 가시방석에 꼬리뼈가 저려와 고기를 씹을 여력이 없었다.

그때 방석이 지금보다는 무뎠던 것 같기도. 서로 눈이라도 마주칠까 싶어 접시만 바라보는 일행들. 깨작깨작. 아무리 워크숍이라도 점심부터 한우라니. 흔치 않은 횡재임은 분명한데, 삼팔선처럼 가로놓인 테이블을 두고 대치 중인 견원지간은 여전히 서로에게 이를 갈고 있다. 위에서 시키니까 어쩔 수 없이 앉기는 했는데 합동 워크숍이라니. 초딩이냐? 유치하긴. 싸운 애들을 불러다가 억지 포옹을 시키던 유년기의 치욕이 떠오른다. 저게 지금 미안하다는 표정이야? 쟤가 먼저 잘못했는데 내가 왜 사과해?! 나 아직 화 안 풀렸다고!

회사의 유명 앙숙인 두 부서는 역사와 전통의 악연이었다. 부장님에 따르면 본인이 입사했을 때부터 이랬다니 더 말해 뭐해. 한일관계에 버금가는 명성 때문에 교차 발령도 내보고 별짓을 다해봤는데, 대쪽 같은 평행선이 합치되는 해피엔딩은 찾아오지 않았다. 하긴 팀플레이에서 예전 친정 팀이 무슨 소용이야. 현 소속팀과의 의리가 중요하지. 회사에 포에버가 어디 있던가. 영원한 아군도 영원한 적군도 없다. 백팀에서 청팀 편들다가 콩주머니 맞을 일 있어?

같은 이사 소관이라 부서 평가에서 라이벌이기도 하고, 타 부서에서 헷갈릴 만큼 업무 분장상 애매한 부분이 있거든. 그러니 민원부터 사업까지 핑퐁이 오고 갈 수밖에. 아무리 기름진 최고급 마블링으로도 그간의 앙금을 쉬이 녹일 수는 없으리라. 나도 저들한테 당한 게 있어서 마냥 예뻐 보이지는 않아. 특히 동 체급인 저 과장님과는 한두 번 붙어본 사이가 아니거든.

겉으로 볼 때는 어른의 세계에서 펼쳐지는 치열한 공방전 같지만, 그 대결의 실상은 치졸하기 짝이 없다.

"뭐? 우리 애가 당했다고? 누구야!"

선례를 남겨서는 안 된다는 빌미로 등판하는 형님들. 원래 애들 싸움이 어른 싸움 된다잖아. 저 아래에서 시작된 싸움의 급이 점점 올라간다. 가라! 과장몬! 배틀 게임처럼 결투장에 차례차례 올라서는 다음 직급들. 동기고 뭐고 각자의 필살기를 시전한다.

"너넨 정관도 안 보냐? 여기 직제에 나와 있잖아!"

"무슨 소리야. 그 문구를 왜 니들 멋대로 해석하는 건데."

"전에는 잘만 해놓고 왜 오리발이야."
"우리가 언제? 증거 있어?"

그래 봐야 도토리 키재기면서 엎치락뒤치락. 봐줄 생각도 물러날 생각도 없다. 질 거 같은 싸움이면 시작도 안 했어! 돌격 앞으로! 평소 아무리 못난 상사라도 이럴 때 일당백으로 나서주면 바로 존경이지.

"보자 보자 하니까 애들도 아니고 일터에서 이게 뭐 하는 짓들이야! 윗사람이 돼서 말리지는 못할망정. 둘이 한 번만 더 내 눈에 띄면 가만 안 둘 줄 알아. 알았어?!"

깨갱. 사적으로 변해가던 결투가 맨 꼭대기까지 올라가 버린 그날, 하필 임원 회의에서 용호상박을 겨루던 두 실장님 덕에 우리는 강제 합동 워크숍을 오게 되었다. 완전 유배네. 여기서 또 싸우면 사약이라도 하사받는 거냐고. 암튼 이게 다 너네 때문이야. 흥! 칫! 뿡이다!

그래도 미운 놈에게 떡 하나 더 준다잖아. 먹을 걸로 야박하게 구는 것만큼 치사한 게 없다고. 선조들의 지혜에 따라 건너편 접시부터 고기를 채워준다. 핏기가 막 가신 한우 등심. 아! 혹시 웰던으로 드시나. 난 미디엄이 좋은데. 선지도 못 먹는 비위 탓에 피가 흥건한 레어는 부담스럽지만, 나는 본디 씹자마자 뿜어져 나오는 육즙 파티를 사랑하거든. 그래서 웰던도 그닥 선호하지는 않는다. 자칫하면 뻣뻣해져 턱이 아프기도 하고. 최상 등급이라도 그 풍미를 살리기가 여간 쉽지 않잖아. 그렇지만 평화협정을 위해 한발 양보토록 하지.

"저도 이 정도가 좋아요. 잘 먹겠습니다."

그렇구나. 회사 밖에서 만나니 통하는 것도 있네. 많이 드세요. 허허. 이제는 자기가 굽겠다며 손을 내미는 과장님. 나보다 한참 선배인 그의 호의에, 쭈뼛대던 집게가 어쩔 수 없다는 듯 건너간다. 고기 맛있네요. 우물우물. 그러게요. 한우는 한우인가 봐요. 냠냠. 이거 끝나고 뭐 한대요? 글쎄요. 어디 수목원 같은 데 가서 산책하지 않을까요? 회사 워크숍이 늘상 그렇듯이.

삐걱삐걱 나누던 대화가 도란도란 잦아진다. 메신저로 싸우다 전화를 들고, 나중엔 목에 핏대가 터지도록 현피까지 일삼던 우리. 사옥을 배회하다 난데없이 마주친 얼굴에 움찔하던 건 나뿐만이 아니었을 것이다. 어차피 깔린 판이니 푸닥거리 한판 제대로 하고 푸는 것도 나쁘지 않지. 어차피 한 다리 건너면 다 아는 사람. 이 바닥 좁다. 언제 어디서 어떻게 다시 엮이게 될지 아무도 몰라. 너나 나나 정년까지 수십 년인 거 알지?

"그래도 덕분에 당일 워크숍이라 좋네요. 예전에는 뭐만 하면 1박 2일이라 너무 싫었거든요."

"과장님도 아시는구나. 밤새 술 먹고 잠도 안 재웠잖아요. 추태 부리다 사고나 치고. 으으."

말하지 않아도 알아요. 회사 욕이 불러온 이심전심. 맞아, 진짜 나쁜 건 윗분들이지. 성과를 들먹이며 대놓고 비교하고, 꼽주고, 경쟁 붙일 때는 언제고, 자기 거슬리니까 이제 와서 친하게 지내라는 거잖아. 무슨 인형 놀이도 아니고. 고만고만한 민초들이야 그 손짓에 휘둘리는 처지. 그러니 우리 이만 무승부로 할까?
"과장님, 일 잘하시잖아요."
"아이고, 과장님이야말로."
맛소금처럼 오가는 칭찬 덕에 고기맛에도 화색이 돈다. 여태 뚱하던 후배들도 쿵짝이 맞는 선배들의 모습에 맥이 풀리나 봐. 마지못해 건배를 내밀잖아. 얘들아, 회사가 다 이래. 자존심이 한우 먹여주냐? 너도 나중에 저기 가봐라, 먹고사는 거 다 똑같지. 그만들 하고 얼른 먹어. 고기 탄다. 이거 아무 때나 오는 기회 아니야.

그렇게
묵은지가 되겠지

    누군가는 회사가 전쟁터라 했고, 정글이라고 하는 이도 있었다. 뭐가 되었든, 누가 되었든, 이 길이 생사의 갈림길만큼 빡세다는 뜻이겠지. 그렇다면 내가 생각하는 회사 라이프란 어떤 것일까. 침이 꼴깍 넘어가는 김치 냄새에 정복당해서 그런가. 지금 누가 내게 묻는다면 단연코 김치통이라고 하겠다. 비좁은 공간에 꾸역꾸역 밀어 넣어져 방치된 김치통.

    '김치의 매운맛에 능욕당한 외국인'
    밥친구를 찾아 유튜브를 뒤적거리다 발견한 제목이었다. 뻔한 양산형 쇼츠인가 싶었어. 요새 외국 스트리머들 사이에서 한국의 맵부심에 도전하는 컨텐츠가 유행하니까 그런 내용일 줄 알았지. 그런데. 오마이갓김치! 김치가 폭발했다. 으아악! 한국인이라면 육성이 터질 수밖에 없는 비주얼. 흩뿌려진 시뻘건 국물이 범죄 현장만큼 잔혹하더라고. 지난 수십 년간 김치계를 섭렵해 왔건만 처음 알았다. 좁은 통에 갇혀 발효되다 보면 가스가 쌓여 폭발할 수 있다는 걸. 지렁이도 밟으면 꿈틀한다더니. 숙성의 상징인 김치조차 여유 없이 욱여넣기만 하면, 펑 하고 터져버린다는 걸. 김치 하면 코리아, 한국 하면 김치인 건 알았지만, 그 욱하는 성질머리까지 닮았다니. 우리 집 김치는 왜 여태 한 번도 안 터졌지? 설마 메이드 인 코리아 김치들은 날 때부터 코리안 등쌀에 꾹꾹 눌려온 탓에 터지는 법을 까먹은 게 아닐까.

에헤이. 잠시 공상에 빠진 사이 완숙이 되어버렸네. 그나마 잘 튀겨진 반숙을 골라 상대에게 건넨다. 다들 약속 있으면 미리미리 말해주든가. 면담도 아니고 부장님과 1:1 식사라니. 오늘따라 점약이 꽉 들어찬 팀원들. 조금 섭섭했지만 상사 점심도 안 챙기는 시국에 선배를 누가 챙겨. 억지 쿨내를 풍기며 주섬주섬 겉옷을 챙기던 그때, 홀연히 컴백하신 부장님과 마주쳤다. 아뿔싸. 아까 임원실 가시고 안 돌아오시길래 바로 식사 가신 줄 알았거든. 하지만 그 오해를 굳이 이실직고하지 않는다. 나도 그렇고, 평소 쿨한 상사에게 더 쿨하게 구는 게 직원들이잖아. 푸대접에 흑화라도 하셔서 기강 단속이라도 나서시면 어떡해. 부장님이라고 평생 부장이셨겠어? 시집살이 몰라서 안 시키시겠냐고. 덤덤한 척하시지만 서운해진 눈썹 좀 봐.

"어어… 점심… 아니다. 쉬어."

역시 아무나 저기까지 승진하는 게 아니라니까. 눈치 백단인 그가 내 목에 달린 헤드폰을 보고 머뭇거린다. 어쩌지. 에라이, 모르겠다.

"부장님 점약 없으세요? 잘됐다. 저도 없어서 대충 떼우려고 했는데 같이 가실래요?"

어쩜 눈도 꿈쩍 않고 사기를 치는지. 소년 만화 속 클리셰가 으레 그렇듯, 나도 몰랐던 능력이 발휘되었나. 이게 바로 과장의 짬?! 상사라면 학을 떼던 내가 산전수전공중전에 임기응변의 도사가 되어간다.

눈에 거짓말 탐지기라도 달려있으신가. 날 물끄러미 바라보시던 부장님. 밝아진 미간과 달리 억지로 같이 안 먹어줘도 된다고 마지막 립서비스를 남기신다. 쿨한 척하시기는. 이왕 이렇게 된 거 어서 가시죠.

사회생활을 하다 보면 스스로의 비겁함에 소스라치게 놀랄 때가 있다. 강약약강에 상시 노출되다 보니 전염되어 버렸나. 목소리 큰 놈 앞에 장사 없다지만, 나까지 그러고 살 줄은 몰랐다. 앓는 소리 하는 직원부터 챙긴다고 상사 욕할 거 하나 없다. 미친개 눈치부터 챙기는 건 이하동문인 걸. 위고 아래고 말 통하는 사람은 내팽개치고 짐승부터 챙긴다니까.

 만약 부장님이 쿨가이 지망생이 아니라 개진상 유망주였다면, 다들 그리 쉽게 나 몰라라 할 수 있었을까. 누구 하나 그 공덕을 알아줘야 후광이 계속 유지될 텐데. 역으로 다들 편하다 못해 만만하게 여기니까 쉬이 변절하는 거겠지. 간만에 말 통하는 상관을 만났으면 말동무도 해주고 그래야 이 양반 속에 찬 가스도 빠지는 거 아니겠어? 완벽한 상사는 아니지만 그거야 피장파장일 테니 중략하고, 상식적인 상사도 드물다. 홀대하다 폭발해서 난리통 한번 치러봐야 정신 차릴래?

 더 비싼 것도 괜찮다는 말씀을 상사의 미덕쯤으로 흘려들으며 김치찌개 집에 들어섰다.
 "본래 상사가 사주는 밥이 제일 무서운 거거든요. 맨날 그냥 사주는 거라고 꼬셔서는 기어코 대가를 받아가더라니까요. 부장님도 이러고 일 시키려고 그러시죠?"
 나의 뼈 있는 농담에 포복절도하는 부장님. 저 봐. 원래 찔리는 구석이 있으면 웃음보로 막는 법이거든. 그래도 뿌듯하다. 일보다 이런 걸로 인정받으면 기분 좋더라고. 엿듣던 찌개도 우스운지 짜글짜글 쫄아든다.
 "아유, 됐어. 자자. 이거 받아. 요새 별일 없지?"
 부장님이 고기가 듬뿍 담긴 그릇을 건네신다. 그 손을 따라 날아드는 진한 스킨 향. 그의 추구미가 반영된 듯 젠

그래도 점심은 먹어야겠지

틀한 쿨워터향이다. 간혹 어딘가 인위적인 액션이지만. 난 연기로라도 도의를 알고 지향한다는 점에서, 그를 괜찮은 상사라 평가하고 있다. 그래서 왔다. 적어도 빌런이 될까 봐 경계는 하고 사시는 게 갸륵해서.

"덕분에 잘 지내요."

이거 봐. 가식이라면 나도 꿀리지 않잖아. 실상은 끓는 물 속 개구리 처지면서. 테마에 맞게 김치통 속 김장 김치라고 할까. 은밀히 차오르는 중압감. 갑갑하긴 해도 버틸 만한 것 같기도 하고. 그러다 서서히 한계에 다다른 줄도 모르고, 이젠 정말 위험수위인지도 모르고.

'이러다 꼴까닥 하는 거 아냐?'

어쩌다 가끔 문제의식이 깨어나도 도로 눕혀 묵히기 바쁘다. 너까지 버둥대지 마. 부대껴. 그냥 이대로 살자. 슬쩍 건들기만 해도 훌러덩 찢어지는 묵은지처럼 순순히 넘어가자고. 어차피 묵은지 처지 말고 다른 옵션도 없잖아.

"젊어서는 이러니 저러니 해도, 이 나이 먹고 내 주변 보면 이만한 곳 없어."

정말요? 부장님쯤 되면 괜찮아지나요? 그만큼 묵으면 부글부글 끓어오를 일도 없고, 죽죽 찢겨 나가는 게 무덤덤해지던가요. 빵빵하게 차오른 가스 때문에 질식하는 일 없이 여기 생활이 아늑해지던가요. 맵지도 않고 그저 부들부들해지던가요. 그렇게 저까지 주저앉혀야 부장님 인생이

정당화되는 건 아니고요? 그런 군말은 필터링되어 식도로 사라진다.

어쩌면 저 직장 부심은 자기 최면일지도 모른다. 하물며 나도 벌써 그러는 걸. 죽겠다 죽겠다 소리가 고춧가루처럼 들러붙어도, 그 푸념이 마늘처럼 아려와도, 이 굳건한 장독대 밖을 벗어날 용기도 재주도 나지 않는다. 타의로 갇힌 줄 알았는데, 날 가두고 있는 저 뚜껑을 단단히 붙잡고 있는 잠금장치는 다름 아닌 내 의지였다. 풋내나는 겉절이라도 시키는 대로 앉아만 있으면 잘 익은 김장 김치가 될 줄 알았는데. 실속 없이 쉬어 터지기만 하는 것 같아 불안하기도 해. 통 크기에 맞게 좁아진 시야와 여기서만 먹히게 절여진 물경력. 결국 어떻게든 묵어버린 자신을 합리화하기 위해 신포도 작전에 나선다. 주변에 아무리 세련된 김치통들이 보여도 기필코 하자를 찾아내는 거야. 그렇게 내 실체를 애사심이라는 양념 속에 감추는 거지. 이렇듯 오도 가도 못하는 나야말로 이 회사가 찾던 안성맞춤의 인재가 아닐까. 입사지원서에 있던 다짐이 진짜였다니까.

"힘들지. 근데 겪어봐서 알겠지만, 사회생활도 짬 차는 만큼 요령이 생겨."

결국 묵은지답게 묵묵히 견디라는 건가. 신세를 한탄하는 한숨이 또다시 케케묵어간다. 남들 눈에야 8년 묵은 놈이나 20년 묵은 놈이나 똑같은 묵은지로 보이겠지. 썩은 건지 익은 건지 긴가민가해서 활용하기도 애매한, 콤콤하게 곰삭은 묵은지. 차라리 신세를 인정하고 장독에 박혀 푹 묵어버리면 뭐라도 되려나. 그런데 매콤한 속에 절여지면 절여질수록, 파릇했던 생기가 시큼한 짠기에 찌들면 찌들수록, 내 속이 자꾸자꾸 얼얼한 걸 어떡해. 쓰라린 빨간기가 가시질 않는 걸 어떡해. 대체 얼마나 오래 묵어야 모든 걸 초월해서 속 편해질까.

"그렇다고 무조건 쌓아놓으라는 말은 아니고. 일할 때는 하고 풀 때는 풀어줘야지. 짬바가 쌓이다 보면 다 각자 맞는 짬통을 절로 찾게 되더라고. 술이든 사람이든."

제출한 답이 지나치게 꼰대스럽다고 생각하신 건지 급히 후첨되는 말들. 다급한 톤 때문에 그 진위가 의심스럽긴 하지만, 노력이 가상하니 수정답안을 받아들이기로 한다. 얼렁뚱땅 짬처리보다는 정성의 맛이 낫잖아. 과연 주말에도 흔쾌히 출근하는 그가 어떻게 그 가스들을 덜어내고 사는지는 감도 안 잡히지만 말이야.

5장

굶어봐야 회사는 안 알아줘

닭다리와 가슴살

    정기 전보 시즌이 되면 온 사옥이 들썩거린다. 우리 회사는 순환근무가 원칙이거든. 발령 희망지를 신청할 수도 있지만 낙관은 금물. 관리자들은 떠나는 직원에게 뒤끝을 보이고, 탈출에 실패한 직원들도 아우성이지. 나간 인원만큼 채워지지 않은 부서들의 울분은 또 어떻겠어. 혹여나 회사의 유명 진상이 우리 부서로 떨어진다면? 그래서 이 시기 인사부 직원들은 두문불출하며 근신형을 자처한다.

    "에구구. 정신없지? 인수인계는 잘 받았어?"

    말도 말라는 냥이. 전 동료였던 그의 고양이 눈매를 따서 붙여준 별명이다.

    "지난주에 미리 인사 갔더니 아직 팀이 안 정해졌다는 거야. 전보 난 거 보니까 과장 하나 나가고 그 자리에 들어가는 거던데 이상하다 싶었지. 그때부터 꺼림칙했는데, 오늘 아침에 출근해 보니까 아직 팀이 안 정해졌다면서 아무 데나 빈자리에 앉으래. 이런 부서는 또 처음이야. 그러고는 이제 막 발령받은 나까지 껴서 업무 분장을 했거든? 위 아래 할 것 없이 얼굴이 다 썩어있는 거야. 텃세를 부리는지 인사도 제대로 안 받더라? 촉이 영 별로인 게 이번 뽑기도 꽝인가 봐."

저런. 굴러들어 온 돌한테 독박 씌우는 게 비일비재하던데 괜찮으려나. 찜닭의 닭다리를 얼른 집어 건넨다. 반마리라 하나뿐인 귀한 다리님이지만 이거라도 줄게. 힘내. 난 날개 먹을 테니까 걱정 말고. 업무도 이리 화기애애하게 나눌 수 있으면 좋겠다만 그 끝은 상처만 가득하지. 하긴 닭다리 하나에도 의가 상하는데 평화로운 업무 배정이란 판타지가 아닐까.

사실 위로하는 내 코도 석 자야. 여기는 사업만 주고 사람이 안 왔거든. 인사부에 또 된통 당한 거지. 최근 관련 이슈가 터지면서 우리 부서에 미사일이 날아왔다. 원래도 정원 미달이었는데 메인급 사업이 추가되다니. 문제는 이런 식으로 떨어진 폭탄이 이미 수두룩 빽빽이라는 것. 그 일을 덥석 받아왔다가는 폭동이라도 일으킬 듯한 분위기에, 팀장들은 들으라는 듯이 큰소리를 교환했다. 팀 간 기싸움도 살벌했다니까.

기존 사업은 악착같이 움켜쥐고 말이지. 성과 때문에,

주요 과제라서, 온갖 대의명분으로 일이 계속 새끼를 친다. 그 번식력이 가히 토끼 수준이야. 상사의 무능을 탓하는 원성이 자자해지니, 또 뻔한 꼬드김으로 면피에 나선 그들.

"직원 준댔으니까 조금만 참아."

언제나 그렇듯 위에서는 다음 인사발령을 기약하며 직원들을 달랜다. 결국 쪽박을 맞으면 슬며시 들어오는 업무분담 굳히기. 하던 사람이 해야 자기들이 편하잖아. 순진하게 믿은 사람만 잘못이지.

"나 있던 부서도 이번에 결국 직원 하나 휴직 들어갔잖아. 내 그럴 줄 알았다니까."

너무 전형적이라 헛웃음만 나오는 전개다. 옛날 옛날에 순둥이 직원이 살고 있었어요. 묵묵한 그의 성품을 알아챈 요괴들은 기뻐했지요. 너는 이래도 찍소리도 못하지? 신이 난 그들은 지저분한 업무를 죄다 모아 몰빵시켰죠. 오호라, 이걸 참네? 그 상황에 맛 들인 쩡쩡이가 뒤에서 또 로비를 하고 다닌 모양이에요. 구린내로 가득한 요주의 업무를 또 넘기려는데. 아뿔싸! 순둥이 직원이 결국 휴직을 선언하며 드러눕고 말았네요? 요괴들은 반성은커녕 욕하기 바쁘답니다. 아시겠죠? 여기서는 가만히 참아주는 사람만 가마니꼴 나고 탈탈 털린답니다. 끝.

"이런 식으로 타락한 모범직원들이 벌써 몇 번째인지."

"왜 남 일처럼 그래. 우리도 예전에 투덜이한테 엄청 당했잖아."

그 레전드를 어떻게 잊냐며 진절머리 치던 냥이가 감자와 당면을 덜어준다. 야호. 난 닭보다 얘네가 좋더라. 어느 순간 사리계를 평정한 이 넓적 당면은, 익은 게 맞나 싶은 꾸덕함이 신세계야. 두둑한 양념을 한껏 끌어안은 녀석을 입안 가득 품으면 쫄깃하게 뿜어져 나오는 단짠이 극락이고요. 요 포슬한 감자를 소스랑 밥에 슥슥 비벼주면 헤븐이지요. 후아. 탄수화물 천국이네.

어느덧 덩그러니 뻑뻑살만 남았다. 일도 딱 이렇다니까. 규모만으로 토막 내자니 업무별 특성을 무시할 수 없어. 선택받지 못한 닭가슴살을 함부로 버릴 수 없듯, 기피하거나 표 안 나는 업무도 누군가는 해야 한다. 게다가 일에도 상성이 있는 모양인지 개인차를 느끼기도 하고. 나만 해도 반복 업무는 쥐덫에 걸린 것처럼 고역스러우니까. 이 복잡한 산술식에 변수로 진상 직원까지 끼어든다면? 남의 떡은 만만히 보는 아귀들의 악다구니가 죽지도 않고 돌아온다.

"들었어? 투덜이 그거 기어이 승진하더니 밑에 직원들이 줄줄이 갈려 나간대. 고충 상담도 받았다던데."

그래 봐야 그 인간이 꿈쩍이나 하겠다. 그런 놈을 연공서열로 승진시키다니 이 회사가 제일 문제야. 당시에도 최고참이던 그는 하루 종일 앓는 소리로 고생배틀을 걸어댔다. 전화 받으러 나가면 기본 1시간. 야근하는 꼬라지를 본 적이 없는데 자기가 제일 힘들고, 불쌍하고, 괴로우시대.

그 와중에 승진 평계로 업무도 골라 받으니 꼴불견일 수밖에. 민원 대표번호도 대표사업도 '대표'자가 들어가는 건 다 싫다니. 상사놈들은 그걸 받아주고 자빠졌고. 여우든 곰이든 아무나 하면 그만이라는 거야? 결국 나랑 팀원들은 폭탄 돌리기를 해야 했다. 참을 인만 백만 번째. 그날도 새 업무 앞에서 부당함을 호소하던 투덜이가 대뜸 나한테 삿대질을 하는 거야.

"저거 시키면 되잖아요."

저거? 내가 저거야? 눈이 돈다는 게 이런 거구나. 쌈닭 소리를 듣던 대리 시절. 트리거에 반응한 나는 곧장 이성을 내던져 버렸다. 거추장스러운 걸 뭐 하러 챙겨. 어차피 저쪽은 들고 다니지도 않는데. 잊지 마. 선빵은 그쪽이 먼저 날렸어.

"과장님, 여기서 과장님 월급이 제일 높으신 거 아시죠? 근데 왜 일은 저희가 더 많이 해요?"

"야, 너 돌았냐? 너 진짜 미쳤어?"

사무실 끝과 끝을 내달리는 고함에도 내 기백은 꿀리지 않았다. 그만큼 어렸고 몰라서 겁대가리가 없었거든.

"욕하지 마시고요. 여기 듣는 귀 많아요. 억울하시면 확인해 보시든가요."

내 반격에 그가 움찔한 사이, 수첩을 펼쳐 각자 업무를 적어 내려갔다. 누가 하룻강아지 아니랄까 봐 고작 그런 유치뽕짝 전법이라니. 지나고 보니 그맘때가 흑화의 정점이

더라고. 일도 좀 익었겠다, 회사 사정에 눈이 뜨이니 사사건건 울화통이 치미는 거야. 조직의 쓴맛을 안다고 자만하는 우물 안 맹꽁이. 대체 어쩌려고 그랬을까. 회귀해서 뜯어말릴 수도 없고.

팀원들까지 합세하여 적의를 드러내자, 시뻘겋게 약이 오른 그는 "하!"만 연발하며 이쪽을 쏘아봤다. 악에 받친 저항군은 그깟 눈총 따위 두렵지 않다고!

"더 있으시면 적으세요."

남들 반도 안 되는 길이. 팔짱만 끼고 있던 그는 "네가 뭔데!" 하고는 뛰쳐나갔다. 그 뒤로 우릴 투명 인간 취급했지만 땡큐베리마치지. 그 와중에 그래도 선배인데 그러면 안 된다고 뒤늦게 나서는 팀장. 욱!

"팀장님은 저희만 참는 게 맞다고 생각하세요?"

같은 팀끼리 편이 어디 있냐며 횡설수설하는 상사를 바라보며, 속으로 승리를 자축했다. 그랬는데 이럴 수가. 나의 완승인 줄 알았던 전투는 흑역사에 가까운 개싸움으로 남게 되었다. 앞에서는 그럴만했다며 편들던 사람들이 뒤에서는 내 험담을 하더라고. 그래도 그렇지. 어떻게 선배한테 그러고 바락바락 대드냐면서. 위계질서의 회초리가 그렇게 매서울 줄은 꿈에도 몰랐다. 그까짓 인간 때문에 억울하게 날아간 평판. 이판사판 쌍방폭행은 하수의 전략이었던 거야.

그래도 죽으라는 법은 없는지 그 시절 내게는 방실방실한 냥이가 있었다. 세트메뉴냐고 놀림당하던 공식 베프와 헤죽거리다 보니, 늘 웃상인 애가 오죽하면 그랬겠냐고 누명도 흐지부지되더라고. 내가 암만 날뛰어봐야 투덜이에 비하면 선녀였겠지. 네임드는 아무나 되는 게 아니잖아. 그런데 시간이 지나면 기억이 미화되나. 투덜이의 악몽보다 즐거웠던 추억이 진하게 우러난다.

"거기도 정 붙일 구석 하나는 있겠지. 사람이든 일이든."

내 덕담에 근심을 오물대던 냥과장이 쓰게 웃는다.

"부서 이동마다 이러는 게 하루이틀이냐."

너도 이제 제법 과장다운 표정을 짓는구나. 가는 길에 달달구리나 먹자. 발령 기념 케이크 어때? 내가 쏠게. 억지로 축하하다 보면 정말 축하할 일이 될지도 모르잖아.

달려라!
반계탕 오픈런!

계절의 흐름을 혀로 느끼는 사람들이 있다. 곱게 피어오르는 단풍을 바라보며 탱탱하게 잘 익은 대하를 떠올리고, 찬바람에 코끝이 찡해지면 대방어에 소주 한잔을 외치는 그들. 그 많은 식재료의 제철을 어떻게 다 기억하는 걸까. 사랑이지. 그게 아니면 말이 안 돼. 사계절마다 고유의 맛으로 반겨주는 제철러버들을 보면 그들의 사는 맛이 부럽다.

순애마저 느껴지는 이들과 달리, 나에게는 모든 계절이 출근하기 힘든 날일 뿐이다. 황사나 장마는 말할 것도 없고, 봄에는 날이 좋아서, 여름은 날이 더워서, 가을은 놀기 좋아서, 겨울은 날이 추워서 심통이 난다. 하긴 오늘이 근무일인지 아닌지만 알지 그날의 날짜조차 모르고 지나가는 둔탱이에게, 계절을 즐기고 산다는 것은 꽤나 사치스러운

생활일지도. 몇 달 전만 해도 재빨리 준비된 봄옷들 사이에서, 나 홀로 남극탐험 패션이라 어찌나 민망했는지. 이쯤에서 끝났다면 요즘 바빠서 생긴 에피소드로 웃어넘길 텐데.

"저희 좀 있으면 상반기 결산보고 올려야 하잖아요. 그때 윗분들 정신없으시니까 계획안은 이번 주 내에 보고드리고 결재까지 미리 받아둘까 싶은데요. 스케줄 어떠세요?"

"우와. 과장님은 그걸 다 외우고 계세요? 역시."

쌍엄지를 날리는 후배를 바라보는데 당혹감에 겸손이 막혔다. 그러게. 계절도 모르고 사는 주제에 회사의 주요 절기는 줄줄 꿰고 있구나. 순간 명치가 시큰하더라니까. 나도 기어이 회사밖에 모르는 인간이 되어가고 있구나 싶어서.

내 안에는 회사력이 돌아가고 있다. 시무식이나 종무식 같은 행사가 아니더라도, 나에게 떨어지는 일감들로 내가 1년 중 어디쯤을 살아내고 있는지 깨닫곤 해. 특히 예산이나 성과관리는 조직 차원으로 굴러가서 해마다 변화가 없었거든. 그래도 그렇지. 사랑하는 이들의 생일은 알람 없이 챙기지도 못하면서, 업무 일정은 아주 줄줄 꿰고 사는구나. 열심히 산 대가치고 기분이 참 고약하다. 하지만 회사라고 늘 쓸쓸한 이벤트만 돌아오는 건 아니야. 그러면 여태 못 다녔지.

"과장님. 다음 주가 초복이래요."

아아, 그래요. 어? 잠깐, 뭐라고? 멍하던 동공이 또렷해진다. 혹시나 하고 돌아본 모니터. 예상했던 대로 구내식당 식단표가 열려 있었다. 역시나! 올 게 왔구나.

* 초복맞이 누룽지 반계탕 * (선착순 100인분)

나와 눈이 마주치자 씨익 웃어 보이는 콩대리님.
"재도전 콜?"
완전 콜!

요새 누가 복날에 이리 집착할까 싶겠지만, 우리 둘을 흥분하게 만든 문구는 초복도 반계탕도 아니다. 선착순 100인분 못 참지. 무료한 걸 못 참겠다는 콩대리는 이벤트를 무척 좋아하거든. 오로지 퇴근 생각뿐인 나야 업무랑 무관한 공지는 잘 클릭하지도 않지만, 날 유혹하는 콩대리의 눈빛에 안 넘어갈 수가 없더라고. 그런데 막상 같이 해보니까 왜 하는지 알겠더라. 선착순을 앞두고 말초신경까지 쿵쾅대는 스릴이란. 게다가 반계탕이라면 작년에 눈앞에서 놓친 바로 그 녀석이잖아. 간만에 한번 달려줘야겠네. 이번에는 기필코! 결의를 다지는 우리 뒤로 관객들이 기웃거린다.
"뭔데 뭔데. 우리도 알자."
"아, 반계탕! 이거 또 한대? 작년에 먹은 사람들이 1분 컷이었다는데?"

"여기서 일하는 직원만 천 명은 되겠구먼. 100명은 너무한 거 아니냐?"

"그래서 재밌는 거죠. 한정판은 박빙일수록 특별한 거라구요."

반계탕 먹을 사람 여기 여기 붙어라. 장난스러운 외침에 우르르 모여드는 사람들. 부장님도 가시게요? 딜! 삽시간에 반계탕 결사대가 모집되었다. 거추장스럽게 워크숍을 뭐 하러 가. 지금 이 순간 우리의 단결력은 최고조인데. 할 수 있다! 아자! 권태롭던 얼굴들이 열정으로 불타오른다. 10년 뒤 모습까지 뻔한 이곳에서 이런 순간은 쉽게 오지 않아. 즐겨!

대장인 콩대리를 필두로 작전도 세웠지. 부장님까지 합류해서 무서울 게 없어진 도전자들. 하지만 근태는 주요 감사 대상이라, 정해진 점심시간을 위반할 수는 없다. 각 층 입구를 막고 있는 보안 게이트로 모든 동선이 실시간으로 감시되는 최첨단 감옥. 이곳에서 무리수는 무리지. 그러니 방법은 하나뿐. 점심시간 스타트에 맞춰 누구보다 빨리 게이트를 통과하고 엘리베이터를 탄다. 그 후에는 달려! 너무나 원초적인 계획이라 결과는 예측불가지만 그래서 더 쫄깃한 거 아니겠어?

드디어 결전의 날. 결연하게 운동화까지 맞춰 신고 온 반계탕 특공대에 부서 사람들이 자지러진다. 놀리기는! 템빨은 기본 중의 기본이잖아요! 웃다가 눈물까지 훔쳐 닦던 팀장님이 계단이라도 뛰어 내려갈 거냐며 놀리는 거야. 못할 것도? 결전의 시간이 다가오자 숙연해지는 일동.
"5분 남았다. 출발."
조용히 일어난 우두머리가 닌자처럼 빠져나가고.
"꼭 먹고 와야 해."
소곤거리는 응원 속에 크루들도 미끄러지듯 이동에 나선다.

땡! 게이트를 통과하고 1차 관문인 엘리베이터 버튼을 누르는데 천운으로 근처에 있던 엘베가 바로 잡혔다. 제발, 제발 비어있어라, 제발. 오늘 진짜 성공 각인가. 문이 열리니 텅 비어있는 엘베. 먼저 온 우리와 다른 직원들이 올라타자 순식간에 만원이 울린다.
"이제 한 번에 내려가겠는데?"
"대박! 우리 진짜 먹는 거 아니야?"
설레발도 잠시 카리스마를 뿜어대는 콩대장님.
"자. 이제부터가 진짜예요. 문이 열리면 앞만 보고 뛰는 거예요. 아시겠죠?"
엡! 식당층 문이 열리자 다른 칸 엘베에서 내린 직원들이 일제히 달려 나간다. 안 돼! 쏜살같이 튀어 나가는 멤버들. 오랜만에 열일하는 심장이 헐떡이는데 웃음이 떠나질 않는다. 러너스 하이라도 걸렸나. 회사에서 이처럼 순수하게 즐거웠던 적이 언제였던가. 저 멀리 번호표를 나눠주는 영양사님을 향해 돌진한 나는, 의기양양하게 72번 딱지를 쟁취했다. 허억허억. 후욱후욱. 숨 돌릴 새도 없이 들어오지 못한 동료들을 향해 손을 뻗는다. 빨리빨리! 아직 남았어요! 평소 좋아하지 않던 직원도 이 순간만큼은 한 팀이다. 결과는? 아이 운동회 이후로 몇 년 만에 달려봤다는 부장님의 97번을 끝으로 우리는 모두 반계탕을 따내고야 말았다. 와아아아! 대성공! 진심 어린 하이파이브로 너와 함께하는 기쁨을 나눈다. 오늘 진짜 기분 최고야!

과연. 100개나 있는 게 신기할 정도로 큼직한 뚝배기다. 흐뭇한 미소만큼 육중한 무게. 그리고 그 속에서 반신욕을 즐기고 있는 닭 반 마리가 보인다. 오올, 제법이네. 저 다리 하나만 있어도 점심 한 끼는 뚝딱이야. 황기와 대추까지 야무지게 채워 넣은 원기회복탕이로구나. 부실한 깍두기가 아쉽지만, 오이고추까지 챙겨주고 5천 원이면 훌륭하지. 얼마나 고았는지 젓가락을 대자마자 다리뼈가 알아서 물러난다. 쫀득한 누룽지까지.

"조리사님들 오늘 실력 발휘 제대로 하셨는데?"

승리를 쟁취해 낸 용사들의 환희가 여기저기 울려 퍼진다.

"우리 진짜 쩐다. 근데 부장님 아까 너무 무리하신 거 아니세요?"

"왜 이래. 나 왕년에 계주 좀 뛰던 사람이야. 야, 근데 이거 재밌다. 할만하네."

　그래서 저희 둘이 이 짓을 못 끊잖아요. 명품 오픈런은 못 해도 이런 건 마음껏 할 수 있으니까. 그 소리에 까르르 넘어가는 전우들. 가족보다 더 자주 보고 사는 얼굴들이 낯설도록 천진하다. 오랜만에 무해한 대화들을 곁들여 먹으니, 삼복더위처럼 고루한 회사살이도 무던히 견뎌낼 수 있을 것 같아.

빡침버거 세트 주세요

    6개월을 끌어온 프로젝트가 날아갔다. 장난하나 싶어 얼이 빠진 것도 잠시, 눈코입을 지나 훅 치고 올라오는 열기. 미친 거 아니야? 고삐 풀린 심장이 귓속에서 요란을 떤다. 그 바람에 청력이 뿌옇게 흐려졌지. 그래, 구질구질한 변명 따위 안 들리는 게 낫다. 누가 눈도 가려주면 좋겠는데. 변변한 디펜스조차 못하고 망연자실한 상사놈들 면상 좀 안 보이게.

    항상 이런 식이다. 눈앞의 산을 가까스로 넘으면, 기어이 더 큰 산이 나타나 덤빈다. 어디 한번 넘어보시든가. 거기에 방해물이 좀 많아? 이 정도 삽질이면 연봉에 포함된 인내심은 진즉 초과했다고. 부아가 치밀어 이가 절로 갈린다. 이러다 어금니에 임플란트하겠다니까.

    위에서야 타이틀만 던지면 그만이지. 논리를 만들고 살

을 붙이는 건 온전히 내 몫. 무조건 되게 하라는 성화에 52시간 근무 따위 지켜본 적이 없다. 안 맞는 데이터를 이렇게도 내보고 저렇게도 내보고. 보고할 때마다 팔랑팔랑 휘둘리던 보고서는 최종, 진짜 최종, 찐찐최종. 몇 번째 버전인지 기억도 안 나. 하지만 다 소용없어. 그 모든 파일은 임원 호출 10분 만에 쓰레기 더미가 되어버렸으니까. 위에서 워낙 강경하시다고? 처음부터 이럴 줄 몰라서 시켰니?

수첩을 보는 척 포커페이스에 실패한 얼굴을 감춘다. 방송불가 멘트가 입안 가득 차오르지만 굳게 말을 잠갔지. 너도 알잖아. 어차피 이 상황을 바꿀 수 있는 사람은 여기 없어. 이 방에 있는 사람들 모두 나에게는 하늘 같은 상사들이지만, 공직사회의 지엄한 위계질서 속에서 이들도 결국 하수인에 불과하다. 티끌 같은 과장 조무래기가 할 수 있는 건 더 이상 아무것도 없어. 알아. 안다고.

임원실에서 쫓겨나듯 물러나자, 상사들의 소음이 들리는 둥 마는 둥 무력감이 온몸을 짓누른다. 화를 내면 무얼 하나 그만큼 애꿎은 야근만 길어질 뿐. 당장 소리라도 원 없이 지르고 싶지만, 오늘 꼭 처리해야 할 족쇄들이 발목을 잡는구나.

사무실에 돌아와 모니터로 험한 얼굴을 가려본다. 그래도 스멀스멀 새어 나가는 빡침에, 내 눈치를 살피는 기색이 느껴지네. 하는 수 없다는 듯 탕비실로 자가격리에 나선다.

그래도 점심은 먹어야겠지

이러다 다중이가 될 수는 없으니까.

예전에 기분이 태도이던 동료가 있었다. 콧노래를 흥얼거리다가 뜬금없이 키보드를 쾅쾅 내리치던 다중인격. 무시했더니 자기 기분 상한 거 안 보이냐고 시비를 걸더라? 분노조절장애라고? 윗분들 앞에서는 '분노 조절 잘해'던데? 온 세상이 알아줄 때까지 티를 내야 직성이 풀리는 네가, 남들 기분 망치는 건 왜 안 보일까. 그래 놓고 좀 있으면 다시 친한 척을 해댔지.

찬물을 연거푸 들이켜자 푸우우 참았던 한숨이 터져 나온다. 그런 진상이 될 수는 없지. 절대 싫어. 먹은 것도 없는 입이 쓰기도 하지. 분명 빈속인데 배에서 신호가 오질 않는다. 전에는 이럴 때 그냥 굶고 몸져눕기 바빴는데. 그로 인한 업보로 수술까지 받았으면 각성할 때가 되었다. 원래 사람을 굶기는 건 아주 잔혹한 형벌이잖아. 스스로 그만큼 벌할 정도로 잘못된 일이었을까. 그리고 남은 시간 동안 오전에 못한 일까지 처리하고 칼퇴하려면 탄수화물을 넣어줘야 해. 가자. 여기서 이런다고 알아줄 이 아무도 없다.

약속 없으면 같이 먹자는 팀원들을 보내고 혼자 먹기로 했다. 고맙지만 미안. 지금은 다른 사람과 함께할 여유가 없어. 너네한테 눈칫밥을 먹일 수는 없잖니. 혼밥이 신경 쓰이던 시기는 지났다. 우적우적 모조리 씹어 먹어주고 돌아올게.

비장한 표정으로 들어선 프랜차이즈 햄버거 가게. 남들은 깔끔하게 잘만 먹던데, 난 아무리 조심해도 소스와 재료에 범벅이 되고 말더라고. 그래서 밖에서는 포크와 나이프가 나오는 수제버거를 먹거나, 어울리지 않게 귀족 아가씨 흉내를 내곤 해. 냠냠. 새처럼 작게 한입 쪼아 먹고 입 한 번 닦기. 하지만 지금은 아니야. 품위도 체면도 내려놓고 우악스럽게 먹을 수 있는 와자지껄한 햄버거가 필요해.

직장인의 점심시간은 단순한 밥이 아니다. 고래가 잠시 올라와 숨을 고르듯, 지금 어떻게든 스트레스를 덜어내야 오후의 역경을 삼켜낼 수 있어. 그리고 이런 독기를 오래 품어봐야 내 몸에도 해를 끼치는 법이라고. 오늘따라 등받이도 없는 딱딱한 의자가 아늑하기 짝이 없네.

우우웅. 생각보다 빨리 나왔네. 쟁반을 받아 들고 계단을 오르는데 불량한 정크푸드 냄새가 코를 찌른다. 황홀하군. 일단 앉자마자 감자튀김부터 꺼내 물었지. 눅었지만 그래도 꼴에 튀김 맞네. 탓할 대상을 찾지 못해 단단히 엉켜 있던 기분이 가느다란 감자튀김 하나에 녹아내린다. 입에 퍼지는 짭짤하고 고소한 맛. 현타 가득한 뇌가 본능적으로 연신 손을 뻗는다.

그럼 이제 본격적으로 먹어볼까? 드디어 메인인 햄버거를 드는데 잉? 온기가 느껴지지 않는다. 어쩐지 일찍 부르더라. 미리 만들어뒀나 보네. 짜게 식어 찌부러진 모양새가 나 같아서 봐준다. 잘 싸인 포장지를 풀어서 햄버거가 반쯤 나오도록 벗겨낸다. 딱 봐도 육즙이 말라붙은 육포 패티, 얇디얇은 토마토, 구색만 맞춰 넣은 양상추 조각, 녹은 흔적조차 없이 여전히 쌩쌩한 치즈. 괜찮아. 이런 줄 알고 왔어. 양손으로 단단히 잡아들고 와아앙! 냅다 크게 물었는데.

이거지! 장인정신이라고는 느껴지지 않는 대충버거. 하지만 지금은 고든램지 버거도 부럽지 않아. 입안 가득 햄버거를 채우고 우물거리니 지끈대던 두통이 가신다. 꾸울꺽. 커다란 첫 입에 눌러왔던 설움을 삼키고, 이어지는 두 입에 일을 이 지경으로 만든 누군가에 대한 원망을, 세 입에 비겁한 나에 대한 미움을 삼킨다. 켁. 목 막혀. 극강의 희열을 위해 일부러 참고 있었지.

견딜 수 없는 갈증이 느껴지는 순간. 쪼오오옵. 달달한 콜라를 한입 가득 머금는다. 또다시 꿀꺽. 캬아! 시원해. 아까부터 목 끝에 걸려있던 무언가가 홀렁 넘어간다. 하아. 이제 좀 살겠네.

예전 상사 같았으면 사무실 한가운데 나를 세워두고, 본보기 삼아 멍석말이를 해댔겠지. 곤장처럼 내려치는 폭언에 뺨이라도 후려맞은 듯 달아오른 모멸감. 자기가 내린 결정은 까먹고 잘되면 본인 덕, 안 되면 직원 탓하는 탐관오리가 널렸잖아. 적어도 이번 상사들은 임원실을 나오자마자 나부터 챙겼다.

"수고했어. 저기… 그… 미안하게 됐다."

그 따위 서툰 인사치레가 뭔 소용이냐 싶었지만, 그 순간에도 알고 있었다. 그런 허망한 덕담조차 바라기 힘든 곳이 직장이라는 걸. 멍석이라도 깔아주시니 이렇게 대놓고 투정이라도 부릴 수 있는 거야.

이번 일을 진행하면서 이들과의 관계가 좋기만 했던 건 아니다. 의미 없는 반항임을 알면서도 이게 왜 우리 업무냐부터 따져대고, 의견 다툼으로 투닥거리고, 섭섭했던 적도 많았어. 그러다 이심전심이 쩡긋하면, 그간의 미움은 온데간데없이 서로를 칭찬하고 기특해했다. 회의 테이블에 모여 앉아 야근으로 지새운 밤. 그래도 그들 덕에 괴롭기는 했어도 외롭지는 않았다. 회사 일이 다 그렇잖아. 어떻게든 잘해보자고 지지고 볶았던 거지.

알아. 내 시간만 날아간 게 아니야. 아직 남아있던 감정을 콜라 한 모금으로 정리하고 일어선다. 큰일이네. 야식 먹다 미운 정이라도 들었나. 원래 정 중에 제일 지독한 게 미운 정인데.

가끔은 매번 이런 식으로 넘어가는 내가 비굴해진 것 같아 자괴감이 들기도 해. 그렇지만 덕분에 먹고 산걸. 이런 일이 터질 때마다 사표를 낼 수도 없잖아. 잠시나마 해소됐다고 우겨라도 봐야지. 애쓰면서 사는 게 기특하니까 세상살이에 노련해진 걸로 해주자. 나도 안 알아주면 그 고생을 누가 알아주겠어.

"식사 맛있게 하셨어요?" 조금 밝아진 목소리에 안심한 직원들이 무얼 드셨느냐고 되묻는다.

"햄버거요. 엥? 모르시는구나. 빡칠 때는 그만한 게 없거든요."

푸하하. 끼여보니 보이는 끼인 자들의 삶. 보고 이후로 나와 눈도 못 마주치던 팀장님이, 본인도 같이 먹을 걸 그랬다며 화답한다. 저 멀리 기웃대던 부장님도 슬금슬금 다가오시네.

"그러게. 같이 먹지. 왜 그 맛있는 걸 혼자 먹고 그래. 그래서 꿀맛이든?"

네. 엄청요.

"그래, 잘했어."

툭툭. 의자를 토닥이는 파동에 딱딱하게 뭉친 어깨가 위로받는다. 흥. 미워 죽겠어. 그런데도 미워할 수 없는 식은 햄버거 같은 날이 또 한 번 지나간다.

가기 전에
밥 한번 먹어요

"과장님, 드릴 말씀이 있는데요."

왜 그래 무섭게. 위이이잉! 경고! 경고! 느닷없이 닥친 위기감. 등골이 급속도로 서늘해지고, 놀란 털들이 쭈뼛쭈뼛. 그런데 식은땀은 왜 나는 거지. 뇌가 당황해서 온도조절장치를 잘못 눌렀나. 폭우를 맞이한 자동차 와이퍼처럼, 동공이 정신없이 요동친다. 저렇게 시작해서 좋게 끝난 말이 없었는데.

같은 부서도 아닌 후배한테 이렇게 쫄리다니 면목이 없다. 일단 침착하자. 별것 아닐 수도 있잖아. 쭈뼛대는 관자놀이를 억누르며 표정을 가다듬는다.

"크흠흠. 네. 말씀하세요."

휴직에 들어간다고? 지나가는 사람이 지금 내 얼굴을 본다면, 우리 회사에 저런 머저리가 있었냐고 비웃었겠지.

20대 미혼 직원이 들어갈 만한 휴직이라면, 설마.

"질병 휴직에 들어가기로 해서요. 우선은 병가부터 쓰고 이어서 들어가려고요."

역시 그랬군. 당혹스러운 반응에 능숙하게 대처하는 얼굴이 오히려 처연해 보인다. 어디가… 덥석 묻기에 앞서 친밀도 체크에 나선다. 이 정도 등급이면 추가 질문은 실례고. 걱정은 담겨 있지만 선은 안 넘는 그런 멘트 없을까? 옷걸이를 뒤적이듯 인사말 리스트를 빠르게 훑어보지만, 입술을 씰룩이는 것조차 망설여진다. 이 나이가 되도록 그거 하나를 못 고르다니. 쯧.

"어… 몰랐어요. 여기 일은 걱정 마시고. 음… 몸 잘 추스르고 오세요."

만약 게임 속 플레이어였다면 잘못된 선택지로 탈락했겠지.

내가 아차 싶거나 말거나 주임님이 몸을 일으킨다. 이제 그가 우리 층에 찾아오는 일은 없겠구나. 나만큼 성미가 급한 게 틀림없는 주임님은 사사건건 대면 미팅을 요청했거든.

협업을 하다 보면 상호 이해보다 업무 핑퐁이 우선되는 경우가 허다하다. 일과 싸울 생각은 안 하고 왜 자꾸 나랑 싸우려고 드는지. 왜 솔선수범은 없이 일방적 협조를 강요하냐고. 일의 성패보다 자기방어가 중요한 이들에게 진절머리를 치던 차에, 주임님의 열정은 막 짜낸 오렌지주스처럼 싱그럽게 다가왔다. 그래서 일할 맛 났었는데. 초행길인 그의 실수쯤이야 알아서 덮어줄 정도였어. 애초에 주력 사업을 초짜 혼자 맡는 것부터 이상했건만, 그 성실함이 패인이 되어 몸까지 상해버린 걸까. 너의 병에 나는 무결하다 할 수 있을까.

"저기… 제가 원래 밥 한번 사드리려고 했거든요. 가시기 전에 점심 괜찮으세요?"

난처한 기색이 스치는가 싶더니, 휴직 전에 인사할 곳이 많아 약속이 다 찼단다. 역시 불편한가 보구나. 그럼 할 수 없죠. 몸조리 잘하고 오시고요. 이왕 가는 거 여긴 다 잊고 회복에 집중하시기를.

"너 무슨 고민 있냐. 왜 또 밥을 깨작거리고 그래."

대답 대신 한숨을 내쉬자 식겁한 팀장님의 눈이 부리부리해진다.

"왜 또 뭐?"

"저 지금 시스템 개선하고 있는 거요. TF 담당자가 휴직 들어간대요."

"에휴. 난 또 뭐라고. 왜? 무슨 일 있대?"

말을 해도 되는 걸까. 질병 쪽은 민감정보일 것 같은데.

"왜? 어디 아프대?" 몰라요. 안 물어봤어요. "왜?" 아픈데 성가실까 봐요.

식판 위를 정처 없이 떠돌던 숟가락이 카레를 휘젓는다. 이 조합은 영양사들 사이에 필수로 전해지는 구성일까. 유부국과 냉동 새우튀김 그리고 고춧가루에 버무린 단무지까지 찍어낸 듯 똑같네. 후회의 여운이 가시지 않아 괜스레 딴청을 피운다.

"나이도 어린 게 비리비리해서는. 군대는 어떻게 다녀왔대. 체력은 국력 아닙니까. 하하하."

너도 참 너다. 회사 공식 깐족이다워. 새우튀김 때문에 입천장이 까졌다며 엄살 부릴 때는 언제고. 남의 고통에는 징하게도 둔감하지. 내가 너한테 뭘 바라겠냐. 전형적인 강약약강이라 진작부터 상종도 안 했거든. 팀이라도 다르니 망정이지. 그래도 일순간 고요해진 적막을 보아하니 누가 입단속에 나섰나 보다. 잠시 후 주춤대던 요구르트가 내 식판 위로 얹어진다. 응? 저도 있어요. 드세요. 만류하는 나를 향한 중후한 손사레.

"그거 유산균. 몸에 좋다잖아. 이거 카레도 외국에서는 약으로 쓴대. 얼른 먹어. 팍팍!"

강황 말씀하시는 건가. 거참 부장님 담배나 끊으시지. 약도 드시는 양반이.

벌써 작년인가. 샤워하는데 덩어리가 느껴지는 거야. 뭐지? 내게 이런 장기가 있었나? 일단 동네 의원으로 가 초음파를 찍었지. 상냥하게 재잘대던 목소리가 잦아들더니 엄한 질문들이 늘어났다. 모르겠어요. 갑자기 있었어요. 그러게요. 제가 제 몸을 참 모르네요. 심각한 얼굴로 다급하게 소견서를 작성하던 의사는, 나가자마자 바로 예약부터 해야 한다며 신신당부를 건넸다. 응급이라고? 내가? 상황 파악이 완료되지 않은 나는 멀뚱멀뚱.

불안으로 꿈틀대는 혀를 감추려고 입을 닫았다. 장녀인 난 남의 걱정이 익숙하지 않거든. 안 그래도 심란한데 근심 섞인 눈망울까지 마주하는 게 버거워서. 위로가 필요한 사람은 나인데, 괜찮다는 말을 듣고 싶은 사람은 나인데, 자꾸만 주객이 전도되어 장담을 하곤 했다. 설마 별일 있겠냐고, 괜찮을 거라고, 되려 그들을 위안하고 덤덤한 척 굴었지. 그래 놓고는 컴컴한 독방에 드러누워 멍때리기 일쑤였으면서.

그래도 초반엔 희망이 있었다. 큰 병원 가면 다르겠지. 그런데 대학병원 교수님이 외계어를 읊는 거야. 종양 이름들은 어찌 그리 괴상망측할까. 오배송된 택배를 받아 든 기분이었다. 이런 게 왜 나한테 왔을까. 나도 병가 한번 써보고 싶다는 말이 씨가 돼서 자라난 거니? 스트레스를 어떻게 피해. 이 상황이 스트레스인데. 그러는 교수님은 스트레스 안 받고 사세요?

할 수 있는 건 결과를 기다리는 것뿐이라니. 인터넷을 들락날락 번뇌에 갇혀 살았다. 운 기억이 없는데 아침을 맞이한 눈가는 어김없이 짓물러 있었지. 차라리 제대로 울던

그래도 점심은 먹어야겠지

가. 울 줄도 모르는 게 찔끔대기는. 시간이 멈춘 듯 흐르지를 않았다. 그래서 게임 오버된 정신머리를 부여잡고 출근에 나섰다. 날 아프게 만든 원흉이라 의심하면서도 기어코 나가야 했다. 그래야 달력이 겨우 넘어갔으니까.

몇 달간의 검사 끝에 악성은 아니지만, 양상이 좋지 않아 빨리 수술이 필요하다는 답을 들었다. 남자 상사에게 여성질환을 말하는 게 제일 난코스일 줄 알았는데 웬걸. 왕래도 없던 불나방들이 달라붙어 안 그래도 혼미한 정신을 쏙 빼놓는 거야. 어물쩍 넘어가려는데 심문이라도 하듯 경과를 꼬치꼬치 캐묻고 소문을 내질 않나. 몸가짐을 들먹이며 실례를 범하거나, 건강관리도 능력이라며 훈계를 하기도 했지. 지인이 나처럼 안심하고 수술했는데, 알고 보니 암이었다는 소릴 왜 하는 거야.

사람이 싫다. 세균맨은 귀엽기라도 하지. 입에서 독설만 뿜어대는 병균들 같으니. 가만있어도 스트레스가 배송되니 수술 자국이 아물지를 않지. 이러니 병이 안 생기고 배겨? 다 너네 때문에 아픈 거잖아. 내가 언제 아픈 거 알아달래? 나도 내가 아플 줄 몰랐어. 내가 제일 황당해. 꺼져. 내 건강을 위해 이제라도 꺼져달라고. 몸뿐만 아니라 마음에도 흉이 졌다. 덕분이라고 하기도 싫지만, 그 일이 항생제 역할을 해줬는지 주위의 세균들을 감별하고 퇴치할 수 있었다.

건네받은 요구르트까지 양손에 드니 세상이 내 것 같다. 너무 달리는 거 아니냐는 놀림에도 아랑곳하지 않아. 벌컥. 벌컥! 키야. 겨우 한입 컷이지만 그래서 더 짜릿한 어른의 맛이다. 짧고 굵은 걸 보니 진짜 맞네. 급식 카레를 닮아 밍밍하지만 영양가 가득한 인사들. 그때는 평소 같은 대접이 제일 반가웠는데, 그걸 알면서도 괜스레 욕심내다 기회만 날렸다.

복귀한 내게 자신의 투병기를 들려주는 이들이 있었다. 사회에서 지병은 약점이 되기도 할 텐데, 내밀한 사정까지 내가 알아도 되나. 담담한 요약본의 끝에 다다라서야 그것이 연고임을 알아차렸다. 무작정 희망찬 말 대신 덧발라진 경험자의 조언에, 못난 흉터가 매끈해져 갔거든.
아파본 사람만이 아픈 사람을 알아준다. 그래서 전해주고 싶었나 봐. 살다 보면 아플 수도 있다고. 괜찮지 않지만 괜찮다고. 나 또한 그랬고 누구나 그럴 수 있어. 그러니 이제부터라도 너를 챙겨줘. 회사는 어떻게든 돌아가지만, 내 몸은 내가 챙겨야 돌아가니까. 자책은 덜고 좋은 것들만 넣어주길 바라. 그러다 보면 나처럼 다시 괜찮아지는 날이 반드시 돌아오더라고.

어른의 육개장은 쓰다

바다네. 톨게이트를 통과했는데도 실감이 안 난다. 이 시간에 내가 여기 오게 될 줄이야. 출근길에 상상이나 했겠냐고. 물론 더한 사람은 따로 있겠지만.

편도 3시간에 가까운 거리를 배경음악도 없이 달려왔다. 노래나 흥얼거릴 기분은 아니었지만, 혹시나 해서 권해봤는데 운전자도 사양하더라고. 신형 세단의 푹신한 적막에도 노곤한 몸은 잠들지 못했다. 애국가가 절로 떠오르는 공활한 하늘도, 샛노란 은행도 붉은 단풍도 덧없기만 하네.

"힘드셨죠. 고생하셨어요."

차주인인 과장님께 감사를 보내며 마주한 바깥 공기. 확실히 오래 타긴 했는지 전신이 찌뿌드드하지만, 요란스레 기지개를 켜기에는 기분이 멜랑꼴리하더라고. 저기 보이는 상복 때문인가. 아까부터 침울한 동료들 때문일 수도.

혹은 장례식장에 어울리지 않는 내 옷차림이 원인이려나.
 결혼식과 달리 장례식은 늘 예상치 못하게 찾아온다. 이 정도면 준수하다는 평에 그냥 오긴 했는데 패션이 남사스러워 견디기가 어렵다. 보고할 일도 없고 피곤하길래 프리하게 출근했거든. 회색 맨투맨에 청바지, 운동화. 그나마 다행이라면 연청이 아니라 진청이라는 점과 양말은 검은색이라는 것 정도. 슬랙스 정도만 됐어도 좋았잖아. 어찌 됐든 이미 여기까지 온 걸 어떡해. 어여 들어가자.

 장례식장 전광판에 낯익은 이름이 보인다. 외동이셨나 보네. 몇 년을 더부살이한 사이지만 솔직히 안 궁금했다. 사실 여기까지 오는 것도 살짝 꺼려졌어. 하지만 사회생활이 어디 내 맘대로만 되던가. 부서 사람들이 다 같이 가자는데 '전 안 갈래요' 소리가 나오지를 않더라고. 아빠도 그랬거든. 긴가민가한 경사는 안 가도 괜찮지만 조사는 웬만하면 챙기라고, 그거 몇 번 간다고 인생에 큰 손해가 생기지는 않으니, 보답 같은 건 생각하지 말고 그냥 가래. 그건 또 무슨 새마을운동 세대다운 발상인가 싶었지만, 내가 배운 인간의 도리가 그러하니 배운 대로 살아야지. 이 와중에 단출한 상주 명단이 신경 쓰이는 이유는 뭘까. 평소 좋아하지도 않으면서.
 부장님을 앞세워 빈소에 들어서니 홀로 앉아있던 깐족이가 황급히 일어선다. 아니, 오늘만은 너에게서 그 별칭을

떼어줄게. 너도 너네 집에서는 듬직한 아들이었구나. 그랬군요, 과장님. 처음 본 영정 사진 속 이목구비에서 과장님의 얼굴이 얼핏 스친다.

유교 문화 중 최고봉은 문상 예절이 아닐까. 절차가 복잡한 것도 한몫하지만, 내 실수가 슬픔에 누가 되진 않을까 걱정부터 앞서잖아. 여기서는 어버버거리다가 멋쩍게 웃어 넘길 수도 없고. 까딱하다가 부모님의 가정교육에 먹칠이라도 하면 어쩌나 싶고. 무거운 분위기에 얼어붙은 몸. 다급하게 검색 내용을 복기하지만 여전히 자신이 없다. 결국 선두의 동작을 꼼꼼히 관찰하며 벤치마킹에 나섰지. 오답 여부를 검증할 수는 없지만, 같은 배를 탄 동지가 있으니 괜찮겠지. 어김없이 다가온 차례에 앞으로 나선다.

무사히 향을 꽂고, 절을 하고, 상주를 마주한다. 난 항상 위로의 인사말이 가장 어려웠다. 어설픈 진심을 건네기에는 데면데면한 사이. 어찌해야 하나 고민했는데 일행이 많아 가벼운 목례로 넘어갈 수 있었다. 다행이다. 어줍잖은 멘트를 과도한 동정으로 오해할까 걱정했거든.

"바쁘신데 멀리서 오시느라 고생 많으셨어요. 식사하고 가세요."

감사를 건네던 얼굴이 미소를 띤다. 묘하게 찌그러진 게 평소와는 사뭇 다른 표정. 꼬꼬마 때는 이해할 수 없었다. 나를 향해 웃어주는 상주의 모습에서 괴리가 느껴졌거든. 왜 웃고 있는 거야? 자기 엄마가 죽었는데 슬프지도 않나? 그리고 여기가 이렇게 왁자지껄해도 되는 거야? 저 할머니 참 불쌍하다. 다들 뭐가 저리 멀쩡해? 조부모상을 겪으면서야 어른의 속내를 알게 되었지.

그간 갈고 닦은 처세술로 방문객을 안심시키려는 걸 수도 있지만, 과장님의 미소는 아직 경황이 없어 나오는 무조건 반사처럼 느껴졌다. 평소 호의를 마주했을 때 짓던 표정이 습관적으로 튀어나오는 거지. 다만, 인지 부조화를 이기지 못한 근육의 혼란으로 저런 기이한 결과물이 빚어진 것 같아. 친지가 전해준 추억에 웃던 엄마의 눈에서 미처 막지 못한 눈물이 흘러나온 것처럼.

텅 빈 식사실. 대화를 나눌 때마다 고요한 메아리가 울린다. 아직 시간이 이르긴 하지. 우리야 같은 부서라 즉각 달려올 수 있었던 거니까. 점잖은 척 앉은 흙빛의 상주가 들려주는 사인. 충혈된 안구에는 습기조차 서려 있지 않지만, 잔뜩 뜯겨나간 마른 입술에는 피눈물이 맺혀 있었다. 그의 헝클어진 머리를 처음 보았다. 갑작스럽긴 해도 마지막 인사를 나눌 수 있어서 다행이라며 그가 또다시 웃었다. 그러나 지금 저 표정을 진심으로 받아들이는 이는 아무도 없을 것이다.

어른은 슬프다. 어른은 울고 싶어도 울 수가 없고, 울어

서는 안 된다고 배운다. 그래서 눈물샘을 단단히 잠그고 살았다. 눈물은 약점이니까, 여자라서 그럴 줄 알았다는 소리는 듣기 싫으니까, 그래야 저 인간들이 나를 얕잡아 보지 않을 테니까. 어린 시절 엄마들 사이에서 유명한 울보였던 나는 메말라 갔다. 수분을 증발당한 채 단단한 어른으로 굳어져 가고 있다.

그러다 당연한 슬픔에도 눈물이 나오질 않았다. 안구건조증이 이럴 때도 말썽인가. 아이처럼 펑펑 쏟아내면 후련해질 것 같은데, 마음껏 울고 나면 다시 숨이 쉬어질 것 같은데. 미뤄놓은 눈물이 석회화되어 눈물샘을 막아버렸나. 혼자 있는 집에서조차, 술을 먹어도, 슬픈 영화를 봐도 눈물이 나지 않았다. 답답한데, 그래서 더 슬픈데, 울분이 넘쳐 흐르는데, 그래도 울 수가 없었다. 그래서 그 감정을 풀어내기까지 너무 오랜 시간이 걸렸어.

새로운 조문객의 등장으로 상주가 자리를 비운다. 형편없이 구겨진 그의 뒤태에서 절절한 책임감이 느껴진다. 호상이라 불리는 죽음이 있지. 모두가 바라듯 무탈하고 평안하게 작별을 고하신 분들. 그런 장례식장은 그야말로 요절복통이라니까. 언뜻 보면 여기가 잔칫집인가 싶은 게. 원래 장례식장이 육개장 맛집이라는 농도 건네고, 쫄깃한 편육도 와구와구 먹어 치웠지. 그러나 오늘의 육개장은 유난스레 조용하다.

왜 하필 육개장일까. 곰탕도 있고 뭇국도 있는데. 그러다 3일상을 치러보니 이만한 게 없더라고. 나야 손주니까 어른들 심부름이나 하고, 가끔 상주인 부모님께 어깨를 빌려드리는 게 고작이었지만, 상주답게 좁은 공간에서 대충 씻고 방석을 이불 삼아 토막잠을 자다 보면, 정신이 몽롱하니 혀가 깔깔해졌다. 거기에 불현듯 상실을 깨달을 때마다 달아나는 식욕. 그래도 산 사람은 살아야 한다. 그래야 안녕히 보내주지. 그리고 안심하고 떠나겠지.

올드보이도 아니고, 삼시세끼 같은 음식만 먹으면 신물이 올라오기 마련이잖아. 그래서 날이 갈수록 고기반찬은 쳐다도 안 보게 되던데 이상하게 육개장만큼은 물리지가 않았다. 느끼한 속에 칼칼하면서도, 안 그래도 아린 속을 후벼 파지는 않고. 푹 익은 토란대와 고사리는 황망한 목에도 어떻게든 넘어가더라고. 솥에 넣고 끓이기만 하면 되니 준비도 나름 간편한 편에, 유래에 따르면 액운도 막아준다 하니 이만하면 장례식장에 적격이라 할 수 있지.

술병에 아무도 손을 뻗지 않는다. 운전 전담이 따로 있다고 안심하기는 미안하잖아. 적적해서 그런지 부어라 마셔라 할 분위기도 아니고.

"나랑 담당 팀장은 남아서 다른 직원들 오는 것 좀 보고 갈게. 과일 다 먹고 먼저들 올라가."

아까부터 쓸쓸한 장례식장을 두리번거리며, 왜들 안 오

그래도 점심은 먹어야겠지

냐고 타박하던 우리 팀장님이 자기도 함께 남겠다며 손을 든다. 상사로서의 의리란 이런 건가. 그때 빈소에서 한 맺힌 울음소리가 들려온다. 고아가 된 자식을 끌어안고 서글프게 울어주는 조문객. 자그마한 품에 안긴 상주의 장신이 여전히 우뚝 솟아 있다. 한번 휘어져 기댈 법도 한데 흐느낌 없이 꼿꼿한 소나무.

그 순간을 해치지 않기를 바라며, 우리는 그의 시야를 피해 살금살금 그곳을 빠져나왔다. 명복을 빕니다. 걱정 마세요. 본 것도 못 본 척. 들은 것도 못 들은 척. 여기서 알게 된 아드님의 개인사는 저 향에 담아 태워버리고, 함부로 입에 올리지 않을게요. 언젠가 모든 아이가 겪어내야 할 순간을 지켜줄게요. 그의 슬픔을 바라지는 않지만, 그렇기에 충분히 쏟아내고 돌아오길 바라며. 두 사람의 안식을 빈다.

첨벙첨벙 출근길엔 후룩후룩 컵라면

배드모닝. 요란스러운 빗소리가 귀를 때린다. 따가워. 이리도 고약한 모닝콜이라니.

오늘 하루도 만만치 않겠구나. 벗어날 수 없는 현실이 청력을 흔들어 깨우고. 쏴아아아아. 이 정도 데시벨이라면 나이아가라 뺨치는 폭포수가 쏟아져 내리고 있겠구나. 우산도 소용없을 장대비에 벼락까지? 월요일 아침부터 망조가 들었나. 다급함을 알리는 귀와 달리 아직 몽롱한 본능이 이불을 파고든다. 그런데 잠깐. 너 독립했잖아. 이제 지하철 안 타는 거 까먹었어?

반가운 각성의 진위를 파악하고자 둔한 눈꺼풀을 겨우 들어 올린다. 아직은 이곳이 꿈속 멀티버스인지 현실인지 긴가민가하거든. 맞네. 사옥 코앞에 위치한 나의 스위트홈. 안도의 기상에도 불구하고 기쁘지는 않다. 지옥철은 면했지만 저 장대비와 맞서야 하는 출근길은 마찬가지니까.

연차 낼까. 망상에 가까운 희망회로를 돌려보다 폰을 내려놓는다. 자연재해에 가까운 궂은 날씨에도 아랑곳없이, 기꺼이 출근하는 K-직장인은 절기마다 찾아오는 단골 뉴스지. 왜 목숨까지 걸고 출근하냐고? 그럼 어떡해. 폭설 주의보나 역대급 태풍이 불어닥쳐도 긴급 재난 문자만 날아오지, 출근 금지 명령은 떨어지지 않는데. 하늘이 두 쪽 나도 당연하게 출근한 상사에게, 나는 곱게 자라서 이런 위급 상황에는 나갈 수 없다고 할 수는 없잖아. 팀원들은 다 나왔는데 나만 안 나올 수 있겠냐고. 그런 점에서 이것도 엄연히 동료애랄까. 월급쟁이의 숙명보다는 그 편으로 받아들이는 게 낫겠어.

백색 소음이 고막을 가득 채운다. 이 어둠 속에 종일 갇힐 수 있다면. 실내에서 듣는 빗소리는 아무리 소란스러워도 곁에 두고 싶잖아. 한바탕 뭉그적거리다, 늦은 점심으로 바삭한 감자전을 부쳐 먹는다면 천국이 따로 없겠지. 큰 결심을 하고 몸을 일으키자, 습도에 지배당한 세상이 죽죽 늘어진다. 짜증 나. 떨어지는 비를 따라 수직으로 찍어 내리는 중력이, 과습으로 턱턱 막혀오는 기관지가, 눅눅해져 더 묵직해진 이불이 너무 무거워서 참을 수가 없어. 쓸모를 다한 습기제거제처럼 벌써부터 모든 게 천근만근이다.

역시 자연 앞에 인간은 속수무책이로구나. 그래도 알잖

아. 저 바닥에 발만 디디면 돼. 고양이는 머리만 통과하면 어디든 들어갈 수 있다잖아. 그거처럼 일단 침대만 벗어나면 회사까진 어떻게든 가더라고. 쩌억쩌억. 떠나려는 발바닥에 방바닥이 들러붙는다. 마치 가지 말라고 매달리는 것 같달까. 안 그래도 저기압이니 너까지 질척대지 마. 이대로 다시 드러눕는 수가 있어.

야무지게 새 양말과 손수건까지 챙겨 담고, 본가에서 모셔온 골프 우산까지 완전무장한다. 그런다고 안 젖을 수는 없겠지만. 가보자고! 쏴아아아아아아. 각오는 했지만 우산을 뚫을 듯이 때려 붓는 형세에 현관문을 도로 닫고 싶다. 내릴 거면 한쪽으로 오던가. 이리저리 갈팡대는 빗줄기에 홀딱 젖은 하반신. 이럴 거면 샤워는 왜 한 거야. 발가락 사이사이로 물줄기가 흐르고, 거기 녹은 체력이 3배속으로 닳는다. 간신히 채워놓았구먼. 그래도 도보로 30분이면 할 만해. 경기도민이던 시절, 이런 날에는 핵지옥 불닭맛 출근을 해야 했거든.

일단 일기예보를 못 봐서 평소대로 기상했다면 바로 지각 확정이지. 이런 날은 한 시간쯤 일찍 출발해도 정시에 도착할까 말까야. 혹시나 하고 뒤늦게 달려간 지하철역에는 탑승구를 향하는 긴 줄이 개찰구까지 늘어서 있다. 꼬리 물기도 아니고. 밖에서 맞았던 물폭탄도 지옥철에 비하면 순한 맛이었구나. 황급히 다른 대중교통을 알아보지만 위기 상황은 마찬가지. 이럴 때 괜히 갈팡질팡하다가는 죽도 밥도 안 돼. 결국 자포자기하는 마음으로 상사에게 연락한다. 지하철이 줄줄이 연착 중이라는 기사를 그가 보았기를 바라며.

"한 시간 연차 좀 쓰겠습니다."

내 전화 뒤로 종소리처럼 번져가는 반성문. 죄송합니다. 면목 없습니다. 여기저기서 굽신대는 직장인들이 들려온다. 옴짝달싹조차 허용되지 않는 압사의 위기도, 천재지변도 모두 내 잘못이로구나. 월급의 업보란 이런 것이로구나. 내 탓이오. 내 탓이오.

몇 대나 보낸 거지? 세기를 포기한 채 인력의 흐름에 따라 발을 움직인다. 겨우 다다른 차례. 하차객이 미처 다 내리지도 않았는데 엄청난 인파가 나를 푸시한다. 앞에서 막고 뒤에서 밀고. 아으윽. 짓눌린 흉곽에서 단말마의 비명이 흘러나온다. 방금 그거 설마 주마등인가.

"밀지 마세요! 사람 죽어요!"

고성에 주춤하던 푸시맨. 누군가의 용기 있는 외침에 턱 끝까지 차오른 질식의 고비를 가까스로 넘겼다. '기어이 탔구나.' 무사히 문이 닫히고. 고장난 마리오네트처럼 제멋대로 틀어진 팔다리가 중구난방으로 끼어버렸지만, 어쨌든 탔으면 되었다. 회사 앞으로 일보전진.

닿기 싫지만 닿을 수밖에 없는 꿉꿉함. 퀴퀴한 시궁창

냄새. 아차 했다가는 시한폭탄이라도 터질 것 같다. 안 그래도 스트리트 파이터가 넘쳐나는 2호선에서 이런 날은 최악이라고. 어김없이 어디선가 욕설이 솟구친다. 노이즈 캔슬링도 무력하게 만드는 소음 폭격이 맹렬하게 계속되고. 안 그래도 혈액순환이 안 돼서 아찔한 심장에 부정맥이 올 것 같아. 덩달아 머리까지 지끈대네.

"싸울 거면 내려!"

내 마음을 대변하는 단호한 호통에 싱겁게 끝난 싸움. 매일 똑같은 전개가 지겹다, 지겨워.

그래도 빌런은 계속되지. 본인 젖는 게 싫다고 남한테 우산을 들이밀지 않나. 새치기를 하겠다고 약체들만 골라 몸통 박치기를 날리지를 않나. 정상인들의 경멸에도, 역무원의 호루라기가 날카롭게 울려 퍼져도 영문을 모르겠다는 듯 고개조차 돌리지 않는다. 너무나 멀끔한 차림새가 호러스럽기까지 해. 저런 인간이 정말 사회에 존재하는구나. 무섭다.

사무실에 들어서자 역전의 영웅들이 보인다. 그러데이션으로 짙어진 바지가 그들의 모험담을 들려주는 듯해. 서로의 고생을 알아주는 인사말에 탈수되는 마음. 그나마 양호하다고 생각했는데 내 몰골을 발견한 팀장님이 티슈를 통째로 건넨다. 그렇게 형편없나?

빗물에 젖은 맨다리에 에어컨 바람이 닿자, 으슬으슬

그래도 점심은 먹어야겠지

삭신이 시려오는 거야. 이 때 아닌 엄동설한을 녹여줄 아이템을 알고 있다. 바로 컵라면. 서늘한 속에 칼칼하고 뜨끈한 국물을 쏟아붓는다면. 캬아. 어차피 이런 폭우에 외식은 무리고 직원 식당은 포화상태잖아.

"혹시 저랑 점심으로 컵라면 드실 분?"

꼴깍. 침 삼키는 소리로 대신하는 긍정의 시그널. 웰컴 웰컴. 마침 얼마 전에 컵라면을 가득 채워놓았더근. 흐음. 어느 것을 먹을까요. 알아맞혀 보세요. 딩동댕 척척박사님. 오징어 짬뽕으로 결정! 작으면 어때. 부족하면 두 개 먹지 뭐.

각자 취향에 맞는 컵라면을 챙겨 물을 붓고 회의실로 향한다. 잘 먹겠습니다! 호로로로록! 면발을 흡입하는 소리가 서라운드 사운드네. ASMR인 줄.

크하! 이 맛이지! 사람들을 기다리냐고 조금 불긴 했지만, 거친 출근에 방전됐던 동료들의 얼굴에 온기가 돌아온다. 물싸대기에도 안 달아나던 피로가 이제 좀 가시네.

이름은 같아도 컵라면과 봉지라면은 다른 라면이잖아. 난 꼬들꼬들한 컵라면 버전이 더 좋더라. 수프 맛도 왠지 더 자극적이잖아. 원초적인 끌림에 따라 국물을 들이켠다. 후루루룩. 오독오독. 자잘하게 씹히는 면발과 후레이크들. 역시 몸에 안 좋은 게 맛있어. 딱딱하던 오징어 토핑이 통통하게 되살아나 씹는 재미가 좋다. 식사로는 애매한 양이지만 후회는 없다. 비를 맞고 쑥쑥 자란 마음속 물때가 말

끔히 씻겨 나갔거든.

"이러고 있으니까 우리 애들이랑 저기 수영장 갔다가 라면 먹던 거 생각난다."

그러고 보니 오늘 비주얼도 여름휴가 패션이네. 껄껄껄. 역시 다들 비슷한 추억들을 품고 사는구나. 물놀이 맞죠! 물보라도 찰방찰방 맞아주고, 흘러내리는 빗물을 계곡 삼아 헤쳐 나가고. 하하하. 공짜 워터파크네. 훈훈한 추억을 나누자 칙칙한 기억까지 데워지네. 거봐. 출근하길 잘 했잖아. 이리 우중충한 날에는 방콕 힐링도 좋지만, 화끈한 의리의 맛이 속 편해.

먹고사는 게
만만해지는 날이 올까

9시가 넘었는데 팀장님이 출근을 안 한다. 오잉? 왜 안 오시지? 근태는 직장인의 기본 소양이라던 분이 무슨 일이래?

"팀원 중에 누구 뭐 들은 거 있어요?"

나만큼이나 어리둥절해 보이는 팀원들.

"아, 말씀 안 해주셨어요? 어제 관리자 회식에서 3차까지 달리시더니 술병 나셨다던데?"

직속 상사의 연가 소식을 옆 팀 팀장에게서 전해 듣다니. 수치심에 홍조가 화끈거린다. 저 팀은 우리 팀을 어떻게 볼까. 제일 오래 있던 과장은 자기 팀장이 어딜 갔는지도 모르고, 위아래가 소통은 하냐고 생각하겠지. 내가 연차 내면 사유까지 캐물으면서, 본인은 소식조차 전하지 않다니. 맨날 한 팀이라더니 아침부터 이게 무슨 개망신이야.

참 하찮은 팀워크네.

게다가 술병이라고? 미친. 직원이 그랬어 봐라. 놀림으로 가장한 핍박이 몇 달은 갔을 것이다. 살다 보면 술 실수 한 번쯤 할 수 있지. 나도 그런 주정 부려본 적 있어서 알아. 그래도 팀장이라는 사람이 담당 직원한테 일정 공유 정도는 해줘야 하는 거 아니야? 내가 설마 너처럼 그래도 나오라고 하겠어? 오늘 처리하기로 한 일들은 어쩔 건데. 누가 너 보고 싶대? 갈 땐 가더라도 지시는 내리고 가야 할 거 아니야. 나한테는 책임 의식을 갖고 일하라며!

"실장님 내일부터 안 계셔서 오늘 꼭 결재받아야 할 것 같은데 어떡할까요?"

"아. 맞다. 부탁할게."

나의 카톡에 대한 팀장놈의 답장에 열불이 치민다. 이 너 피이이스. 나만 평화를 외치면 무얼 하나. 미안해하는 시늉도 없고. 뭘 부탁한다는 거냐고. 언제는 너 혼자 독단적으로 판단하고 움직이지 말라며. 사소한 일이라도 상시 공유하고, 간단한 문서라도 사전에 보여주고 올리라며. 이랬다가 저랬다가 왔다 갔다. 어차피 오늘은 대행자가 대결할 거니 안 봐도 된다 이거야? 결재 서류에 본인 이름이 없으면 상사인 자기 역할은 없는 거냐고.

업무지시는 간단명료하게. 백번 천번 교육해도 말짱 도루묵이다. 교육 핑계로 놀러 가서 코를 골며 주무신 게 틀림없지. 윗놈들은 저딴 식으로 굴면서, 보고하는 직원에게는 말 한마디에 깃든 행간의 의미까지 파악하라니. 육하원칙은커녕 알맹이 한 톨 없는 상사의 명령에 나도 내 몫의 책임감을 집어던지고 싶다. 기가 찰 노릇이지만 누굴 탓하겠어. 다 내가 자업자득으로 망쳐놓은 버르장머리지. 그간 가는 말이 고와서 오는 말이 무례한 거잖아. 내가 자기 믿는 발등이다 이건가. 과장씩 됐으면 주체적으로 임하라고? 그럼 그만한 권한을 주던가. 책임만 떠넘기면 뭐가 돼?

후두두둑. 마음속에 사리가 쌓인다.

"정말 문서 안 보셔도 되겠어요^^?"

띠꺼운 이모티콘 때문인지 팀장이 사진으로 찍어 보내라는 오더를 내린다. 예예. 손 많이 간다, 손 많이 가.

"오케이. 별것 아니니까 보고는 알아서 해줘."

말본새하고는. '아' 다르고 '어' 다르다고 '별것'이 아니야? '알아서'는 또 왜 붙여. 어차피 내가 알아서 하지, 그럼 누가 하겠어? 어떻게 하면 내 속을 뒤집을 수 있을지 심사숙고라도 했나. 고의성이 다분히 느껴지는 사족들이 심기를 흐린다. 됐어. 집어치워. 용감한 속마음과 달리 결재판을 꺼내 드는 나. 씩씩대는 숨소리와 달리 손에 든 보고서를 반듯하게 정돈한다. 착착. 칼각 세팅 완료.

말만 전자결재지 보고의 전 과정이 페이퍼로 돌아가는 우리 회사. 이 안에 담긴 내용보다 형태를 더 중시하는 빨간 펜 선생님들을 위해 글자체, 자간, 장평, 스테이플러까지 맞춤형 오마카세로 알아서 모셔드려야 한다. 이러니 보고서로 예술한다는 우스개 소리가 나오지. 어느새 나는 문서 아티스트가 되었다. 아무렇지 않게 그걸 강요하는 이들만큼 그분들의 취향을 뻔히 꿰고 있는 내가 꼴불견이지만, 순순히 협조해야지 별 수 있나. 어차피 그들은 변하지 않을 거니까.

윗물이 맑아야 아랫물이 맑다. 아랫물이 혼자 맑아 봐야 이미 구정물인 윗물의 심기만 거스를 뿐이다. 그들과 씨름할 시간에 빠른 칼퇴를 택한 나는, 위에서 흘러 들어오는 흙탕물에 곧이곧대로 동화되어 간다. 고인물이 되어가는 내 모습에 문득 우울해지더라도, 오늘 당장 이곳에서 한시라도 더 빨리 벗어나는 게 급선무니까.

"저 위에 보고 좀 다녀올게요."

자고로 업무 보고라 함은 직급순으로 넘어가는 이어달리기인 줄 알았는데. 내가 보고하면 그걸 받은 상사가 검토해서 다음 상관에게 올리는 시스템 말이야. 그런 기대는 언감생심. 분명 직제상에는 보고 체계라는 게 존재하거늘, 내 바통을 받아주는 다음 주자가 없다. 당연하게 계주에 나서는 상사가 얼마나 희귀한지, 정석만 지켜도 귀인 대접을 받더라니까.

어찌된 게 경력이 쌓이면 쌓일수록 아오지 탄광행이다. '중간' 관리자라며. 그럼 중간에서 뭐든 관리를 해줘야 할 거 아니야. 제대로 훑어보지도 않고 내가 이거까지 알아야 하냐고 하질 않나, 담당자가 잘 알지 누가 아냐며 꼬리물기에 나서기도 하지. 실무자를 주렁주렁 달고 들어가 입도 뻥긋 안 하고, 자기는 우아하게 앉아 들들 볶기만 하는 허깨비가 허다하다. '중간' 관리자로서의 권한은 아득바득 따지면서, 팀워크라는 구실로 자신의 책무를 기꺼이 나눈다. 임원 보고도 나 홀로 해냈으니 말 다 했지. 네 상사들은 어디 갔냐는 이사의 말에 화끈거리던 얼굴. 아, 물론 결승선이 나타나면 메달을 차지하려고 앞다투어 달려 나가더라고. 눈치도 좋지. 타이밍 좋게 날 밀치고 나서는데 기가 차서 반박도 못 하겠더라. 참내.

마지막 최종 보스까지 처리하고 돌아오는 길. 엘리베이터가 한산하다.
'보나 마나 혼밥 당첨이네. 오늘따라 매사가 고독하구만.'
외톨이 처지에 절망하듯 터덜터덜 돌아가는데. 어라? 환영인가? 저 멀리 까만 정수리들이 보인다.
"과장님이다!"
폭죽만 없을 뿐, 팀원들의 서프라이즈에 화들짝 놀랐지.
"여기서 뭐 하세요?"
민망함과 미안함이 뒤섞여 본심에 없는 질문이 튀어나온다. 흥, 얼굴은 싱글벙글하면서. 내 달력에 점약 표시가 없길래 혹시나 싶어 기다렸다니, 메마른 눈물이 찔끔하네.

오늘도 이런 식이구나. 때리는 놈 따로, 약 발라주는 이 따로.

"팀장님 안 계셔서 고생하셨죠? 꽤 오래 걸리신 것 같은데."

그럭저럭이요. 피드백이라고 해봐야 오타 지적이 전부였지만요.

거창한 사업 계획서를 보고 하는 내내 내용의 요지보다 오타 찾기에 혈안이 된 눈. 그들이 그토록 숭배하던 비전은 언급조차 없다. 이런 인간들이 중역이랍시고 당당하게 앉아 있다니 회사 꼴 잘 돌아간다. 욕 한 바가지를 퍼부으려다 말문이 막힌다. 그래봐야 이곳에 다니는 나도 결국은 같은 동급이 아닐까 싶어서.

타이틀의 멀쩡한 띄어쓰기를 붙여 쓰라길래 군소리 없이 수정했지. 그랬더니 다음 상사가 도로 띄어 쓰래요. 이런 것도 똑바로 못하냐며, 기세등등해진 맞춤법 빌런이 융단폭격을 퍼부었다. 내 옆에 앉은 수정 요청자는 묵비권을 행사할 뿐 일언반구도 없다. 장본인인 상사를 고자질할 수도 없고 내가 할 수 있는 말은 오직 하나. "죄송합니다." 오늘따라 상사들이 다 왜 이래. 첩첩산중 점입가경이다. 아무튼 결재해 준다고 했으니까 됐어. 될 대로 되라. 사명감 따위 나 혼자 가져서 뭐 해.

"저희야 과장님 계시니까. 히힛. 그래도 과장님은 뭐든 척척 잘 해내시는 것 같아요."

그럴 리가. 이 모든 게 가뿐해지는 날이 오긴 할까. 이전보다 수월해지긴 했지. 싸울 바에 피해라. 직장인 병법에 따라 비겁한 전투를 치르러 나가면서도, 나의 본진은 비굴해지지 않기를 바랐다. 이 똥고집쟁이 김치볶음밥을 봐. 조리사님께 들들들들 볶여 나가도 여태 고루 섞이지 않은 흰밥들. 스며들듯 섞이면 편했을 텐데. 그러면서도 고고한 학같이 버틴 모습이 마음에 들어 듬뿍 삼킨다. 이들의 배짱이 구석구석 흡수되길 바라면서.

기름기조차 느껴지지 않는 이걸 볶음밥이라 할 수 있을까. 이놈의 회사. 캄캄했던 목구멍을 의외로 미끄덩 넘어간다. 욕하면서도 꿋꿋이 먹고, 있는 힘껏 떠든다. 그 덕에 악관절의 긴장이 풀렸는지 슬그머니 웃음도 나더라고. 그래, 기죽어 봤자 나만 손해야. 먹자! 와구와구. 웃자! 와하하하!

앞뒤로 꽉 막혀 아찔한 직장생활. 그래도 산소마스크처럼 씌워지는 관심이 있어 그냥저냥 먹고 살아왔다. 바쁜 와중에도 나를 향하는 찰나의 호의. 그 의리에 악착같이 볶여 사라지지 않고, 일부라도 나로 남을 수 있었겠지. 그 보살핌에 묻혀 어떻게든 넘어갈 수 있었으리라. 한때는 다 내가 잘나서 살아남은 줄 알았는데, 아직도 혼자가 버거운 날이 많은 걸 보면 다 내 착각이었더라고. 그러니 고마워, 오늘도 덕분에 잘 먹었어. 그리고 앞으로도 잘 부탁해.

그래도 점심은 먹어야겠지

초판 1쇄 발행 2025년 11월 25일

지은이 유사유
펴낸이 서재필

펴낸곳 마인드빌딩
출판등록 2018년 1월 11일 제 2024-000136호
이메일 mindbuilders@naver.com

ISBN 979-11-24086-04-9 (03810)

- 책값은 뒤표지에 있습니다.
- 잘못된 책은 구입하신 곳에서 바꿔드립니다.
- AI 훈련을 목적으로 책을 사용하거나 복제할 수 없습니다.

마인드빌딩에서는 여러분의 투고 원고를 기다리고 있습니다.
출판하고 싶은 원고가 있는 분은 mindbuilders@naver.com으로
기획 의도와 간단한 개요를 연락처와 함께 보내주시기 바랍니다.